U0937461

中等职业教育电子商务专业创新型系列教材

电子商务网络实用技术

主　编　于申申　杨海艳　李林林

副主编　王月梅　郭　冰　周宇飞　陶忠丽

科学出版社

北　京

内 容 简 介

本书采用项目引导和任务驱动的形式编写，结合电子商务特点，将技术化分为八个项目，24 个任务。项目一为配置双机互连的网络，项目二为接入互联网，项目三为配置无线网络，项目四为配置无盘工作站，项目五为 Web 服务器与 FTP 服务器，项目六为配置网络共享打印机和手机网络打印机，项目七为批量装机和网络安全技术，项目八为手机网络的接入。

本书既可作为中等职业学校、中职学校转型升级的高职院校电子商务及相关专业的教学用书，也可供初学电子商务或相关技术人员参考使用。

图书在版编目（CIP）数据

电子商务网络实用技术/于申申，杨海艳，李林林主编. —北京：科学出版社，2016

（中等职业教育电子商务专业创新型系列教材）

ISBN 978-7-03-048913-5

Ⅰ.①电… Ⅱ.①于… ②杨… ③李… Ⅲ.①电子商务－网络营销－中等专业学校－教材 Ⅳ.①F713.36

中国版本图书馆 CIP 数据核字（2016）第 136450 号

责任编辑：谢晓绚 李 娜 / 责任校对：马英菊
责任印制：吕春珉 / 封面设计：艺和天下

科学出版社 出版
北京东黄城根北街 16 号
邮政编码：100717
http://www.sciencep.com

铭浩彩色印装有限公司 印刷

科学出版社发行 各地新华书店经销

*

2016 年 6 月第 一 版 开本：787×1092 1/16
2022 年 1 月第四次印刷 印张：11 1/2
字数：273 000

定价：30.00 元

（如有印装质量问题，我社负责调换〈铭浩〉）

销售部电话 010-62136230 编辑部电话 010-62135120-2039

版权所有，侵权必究

本书编写人员

主　编　于申申　杨海艳　李林林

副主编　王月梅　郭　冰　周宇飞　陶忠丽

参　编　赵　丹　王泽宇　刘　萍　黄剑文

主　审　刘立民　郭　宇

前　言

近年来，我国电子商务发展迅猛，不仅创造了新的消费需求，引发了新的投资热潮，开辟了就业、增收的新渠道，为大众创业、创新提供了新空间，而且正加速与制造业融合，推动服务业转型升级，催生新兴业态，成为提供公共产品、公共服务的新力量和经济发展新的原动力。

本书作为中职中专电子商务专业创新型系列教材丛书之一，以为中等职业院校提供扎实服务为根本，以为电子商务等相关专业学生就业、创业提供理论依据为导向，以加强学生实践能力为重点，采取任务驱动的编写形式，整合个体在从事电子商务活动中可能遇到的各种网络问题及相关解决办法，使教学内容有的放矢，言之有物。

通过本课程的学习，学生可以掌握网络基础知识，了解数据通信的原理，掌握局域网工作原理，了解网络管理和结构化布线的基本概念，从而使学生在搭建自己的网店时，能具备简单的组网与网管能力，为未来的就业及创业提供网络实用技术支持。

本书主要包括局域网络的搭建、无盘工作站的创建、Web 和 FTP 服务器的配置、共享打印机的设置及网络安全技术等内容。由于近年来，智能手机在生活、生产中扮演的角色日渐重要，且智能手机跟电子商务的关系更是密不可分，因此本书中添加了少量智能手机的相关知识。

本书由于申申、杨海艳、李林林担任主编，王月梅、郭冰、周宇飞、陶忠丽担任副主编，周宇飞、陶忠丽负责后期统稿工作。具体分工如下：项目一由王月梅、李林林、于申申编写，项目二、项目三由杨海艳编写，项目四由李林林编写，项目五由于申申、王泽宇编写，项目六由于申申、赵丹编写，项目七由杨海艳、郭冰编写，项目八由王月梅、刘萍、黄剑文编写。

本书得到了广大教育界同人的大力支持，辽宁省农业经济学校农业信息工程系刘立民主任对本书进行了指导，吉林大学郭宇博士指出了关键问题，提出了创新观点，在此一并表示感谢。

由于编者水平有限，书中难免存在疏漏之处，恳请广大读者朋友批评指正。

编　者

2016 年 1 月

目　录

项目一

配置双机互连的网络

项目情境

小王所在的公司里，有一位老员工的计算机已经使用了很多年，对于日益更新的软件，旧的计算机已经越来越不能满足当前的办公需求，于是小王的老板给这位员工新买了一台计算机。但是，新买的计算机没有安装系统，这位老员工的个人资料也还保存在旧机器上，现在需要给新的计算机安装操作系统，并将旧计算机上的资料复制到新的计算机上。另外，公司决定组建一个办公室小型局域网。老板将此项目交给小王来完成。

项目分解

小王经过认真分析后，决定把此项目分为以下 4 个任务：

任务一　安装操作系统

任务二　制作与连接双绞线

任务三　建立文件共享

任务四　配置小型局域网

任务一　安装操作系统

任务说明

操作系统是用户和计算机的接口，是计算机软件系统的一个组成部分，它可以为计算机中的其他应用软件提供支持。Windows 7 是由微软公司发布的操作系统，它对性能组件、功能和操作方式都做了许多优化，令用户能更方便地使用计算机系统。本任务介绍 Windows 7 操作系统的安装。

操作流程

第 1 步：准备好用于安装的光盘或制作好用于安装的 U 盘。

第 2 步：设置安装系统的方式。用光盘或 U 盘安装 Windows 7 操作系统之前，要将计算机的启动模式设置为从光盘或 U 盘启动，具体有以下两种方法。第一种，打开计算机，按 F1 键或 Delete 键进入 BIOS，设置从光盘或 U 盘启动，重新启动计算机；第二种，打开计算机，按 F12 键进入 Boot Menu，选择从光盘或 U 盘启动，按 Enter 键重新启动计算机。用户根据计算机实际配置的情况，选择一种即可。

第 3 步：设置启动方式后，放入 Windows 7 操作系统光盘或安装 U 盘，启动计算机，将打开 Windows 7 操作系统的安装界面，如图 1-1 所示。

图 1-1　Windows 7 操作系统安装界面

第 4 步：选择安装语言格式。Windows 7 操作系统安装程序启动后，将打开“安装 Windows”对话框的选择安装语言界面，如图 1-2 所示。无须改动，直接单击“下一步”按钮。

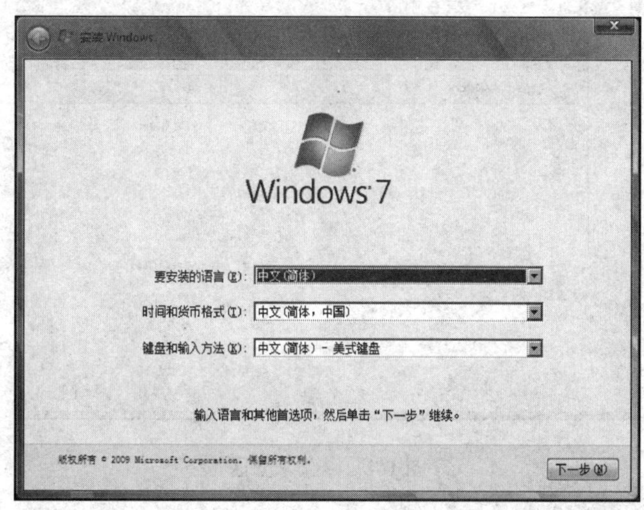

图 1-2　选择安装语言

第 5 步：阅读许可条款。在打开的“请阅读许可条款”界面中勾选“我接受许可条款”复选框后，单击“下一步”按钮，如图 1-3 所示。

图 1-3　阅读许可条款

第 6 步：选择安装盘。如果磁盘已经分区，则单击“您想将 Windows 安装在何处？”界面中将要安装系统的分区，再单击“下一步”按钮，开始安装；如果磁盘没有分区，则要对磁盘进行分区后才能安装，此时打开的选择安装盘界面显示磁盘未分配空间，如图 1-4 所示。

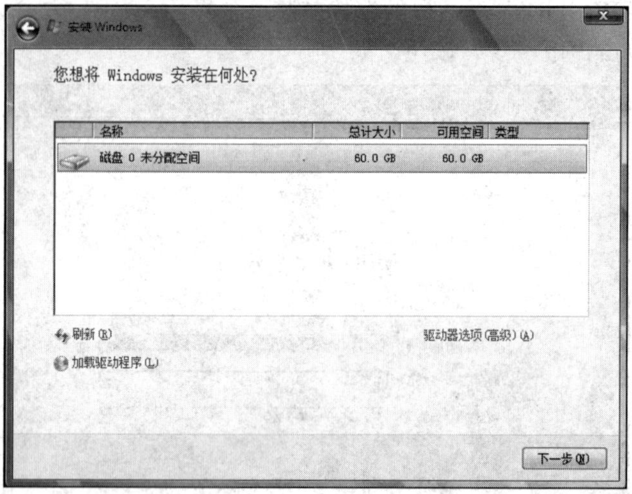

图 1-4　磁盘未分区

第 7 步：磁盘分区。在“您想将 Windows 安装在何处？”界面单击“驱动器选项（高级）”超链接，打开新建分区界面，如图 1-5 所示。单击“新建”超链接或按 E 键新建分区，如图 1-6 所示。在“大小”数值框中输入分区大小（以 MB 为单位），单击“应用”按钮，弹出“安装 Windows”提示框，如图 1-7 所示。单击“确定”按钮，继续进行分区，最终分区效果如图 1-8 所示。如果不希望存在 200MB 的主分区，则应做好硬盘分区后再安装系统。

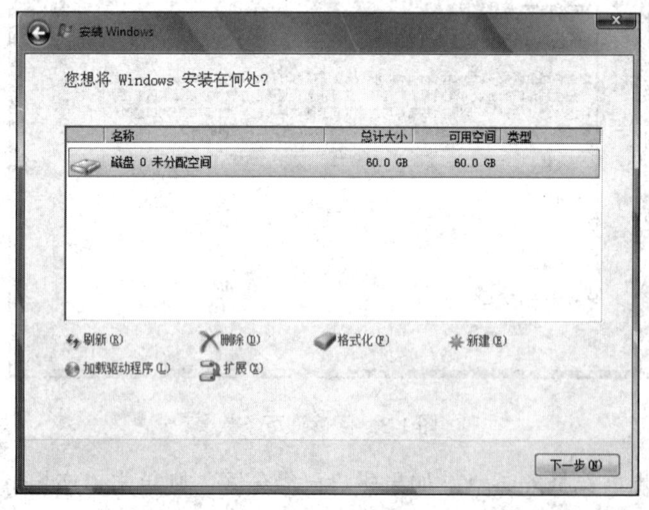

图 1-5　磁盘分区

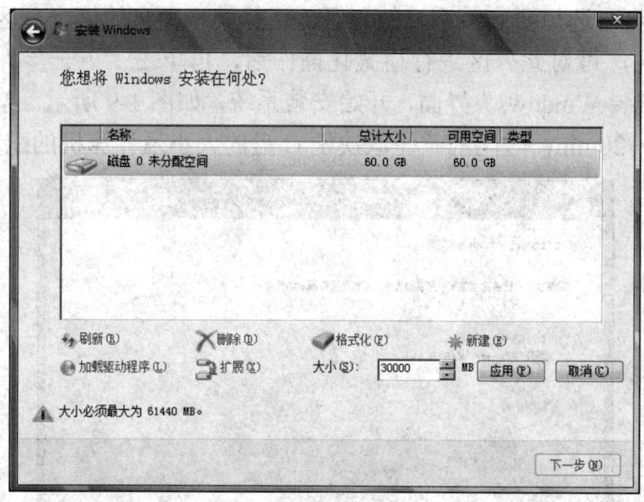

图 1-6　新建分区

图 1-7　“安装 Windows”提示框

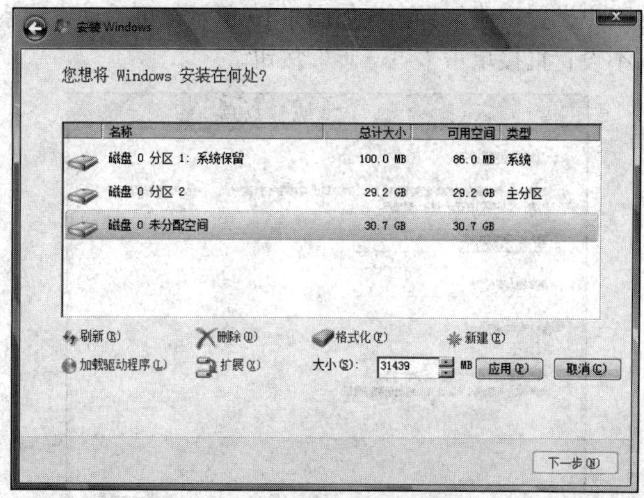

图 1-8　最终分区效果

第 8 步：选择要安装系统的分区。选择第一硬盘的第一分区作为系统的安装分区，可对此分区进行格式化操作后，再单击“下一步”按钮，打开“正在安装 Windows”界面，开始安装系统，如图 1-9 所示。整个安装过程需要 10～20min，时间的长短取决于 C 盘的大小及计算机的配置。

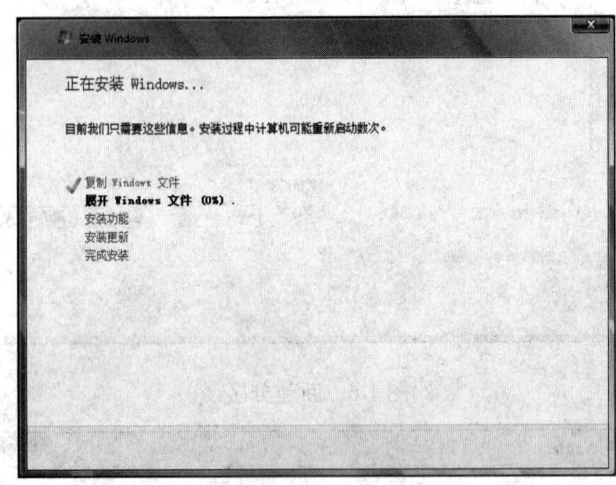

图 1-9 “正在安装 Windows”界面

注意： 系统文件解包完成，等待 10s 后，将会自动重新启动计算机，重启时一定要从硬盘启动计算机。如果光驱中有系统光盘或 U 盘，启动时不要按 Enter 键，让计算机自动从硬盘启动，或者是在启动时退出光驱或拔下 U 盘后，待硬盘启动后再安装光驱。

第 9 步：进行初始设置。系统安装完成后，打开“设置 Windows”对话框的“为账户设置密码”界面，如图 1-10 所示，可手动设置系统登录密码，也可以不设置直接单击“下一步”按钮。

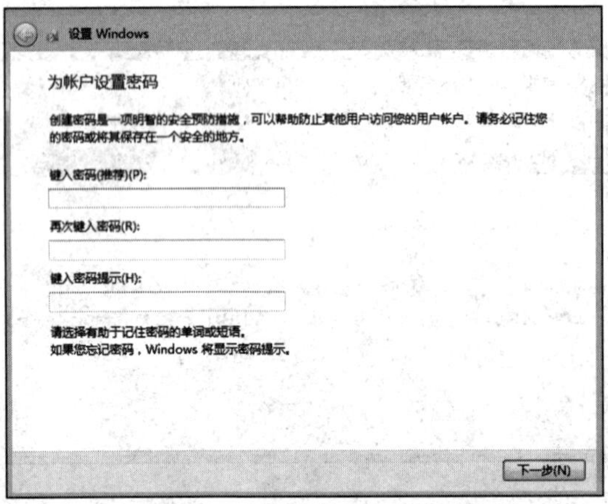

图 1-10 “为账户设置密码”界面

在打开的“键入您的 Windows 产品密钥”界面，如图 1-11 所示，输入产品密钥并激活。激活 Windows 7 后单击“下一步”按钮，在打开的“查看时间和日期设置”界面，如图 1-12 所示，可调整时间、日期，建议不要调整，直接单击“下一步”按钮。

设置 Windows

键入您的 Windows 产品密钥

您可以在 Windows 附带的程序包中包含的标签上找到 Windows 产品密钥。该标签也可能在您的计算机机箱上。激活会将您的产品密钥与计算机进行配对。

产品密钥与此类似:

产品密钥: XXXXX-XXXXX-XXXXX-XXXXX-XXXXX

(自动添加短划线)

当我联机时自动激活 Windows(A)

什么是激活?

阅读隐私声明

下一步(N)

图 1-11　“键入您的 Windows 产品密钥”界面

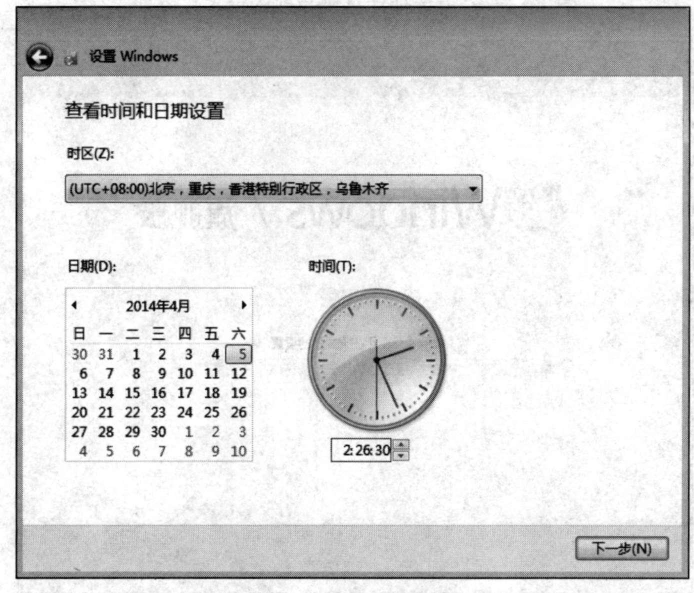

图 1-12　“查看时间和日期设置”界面

在打开的“请选择计算机当前的位置”界面中配置网络，如图 1-13 所示。用户应根据网络的实际安全性进行选择。如果安装时计算机未连网，则不会出现此界面。网络选择完成后，Windows 7 操作系统会根据用户的设置配置系统，如图 1-14 所示。系统配置完成后，将进入 Windows 7 桌面，如图 1-15 所示。

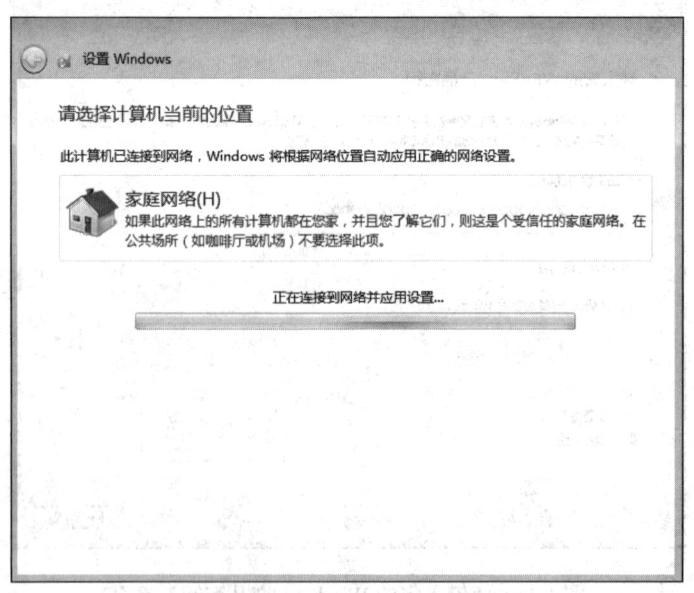

图 1-13 “请选择计算机当前的位置”界面

图 1-14 正在配置系统

图 1-15　Windows 7 桌面

第 10 步：设置桌面。首次使用安装 Windows 7 操作系统的计算机时，桌面上只有一个“回收站”图标。在桌面空白处右击，在弹出的快捷菜单中选择“个性化”命令，如图 1-16 所示。

在打开的“个性化”窗口中，单击“更改桌面图标”超链接，弹出“桌面图标设置”对话框，勾选想要在桌面上显示图标的复选框，如图 1-17 所示。单击“确定”按钮，桌面上即会出现相应的图标。

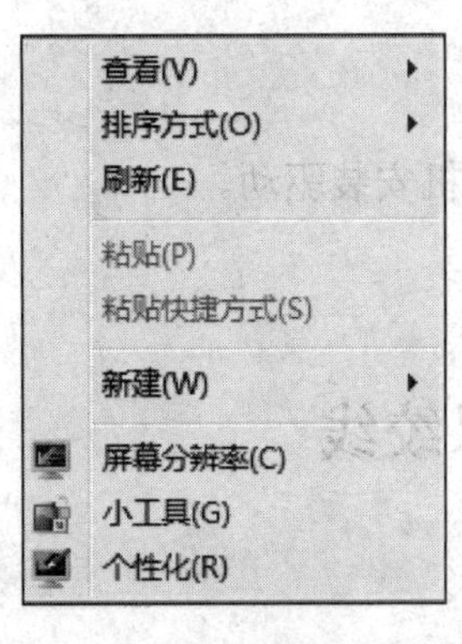

图 1-16　快捷菜单

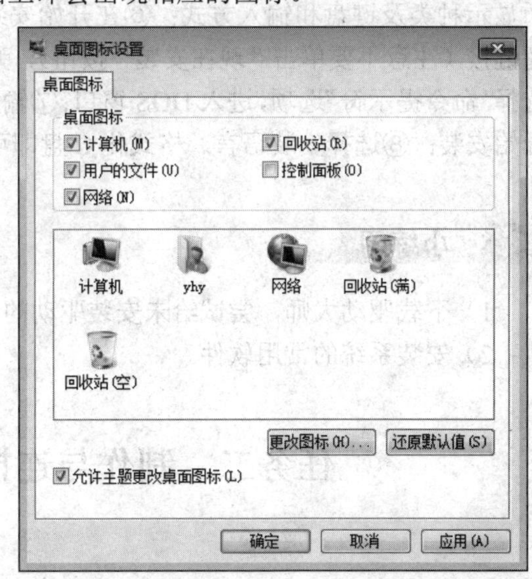

图 1-17　“桌面图标设置”对话框

第 11 步：安装杀毒软件，如 360 杀毒、360 安全卫士等。在相应的网站下载杀毒软件安装包，并根据提示进行安装即可。这里不再赘述。

第 12 步：检查驱动是否安装成功。下载并安装驱动精灵、驱动人生或 360 驱动大师等软件。安装完成后打开相应软件，根据提示检查驱动是否安装成功，若不成功，则更新驱动信息。需要注意的是，驱动检查软件均需要联网，所以要保证计算机能够联网。

第 13 步：安装常用软件。下载常用软件安装包，根据提示进行安装即可。

知识拓展

在 Windows XP 操作系统下安装全新 Windows 7 的步骤如下：①下载 Windows 7 iSO 镜像文件，并用虚拟光驱复制到非 C 盘（以 E:\Win7 为例）；②把 E:\Win7 目录下的 bootmgr 和 boot 目录（实际仅需要两个目录下的 boot.sdi 和 bcd 文件）复制到 C 盘根目录下，并在 C 盘根目录下建个名为 sources 的文件夹（注意，Windows XP 系统不需要取得管理员权限）；③把 E:\Win 7\sources 下的 boot.win 文件复制到 C 盘新建的 sources 文件夹下；④选择“开始”→“运行”命令，在打开的“运行”对话框中输入“C:\boot\bootsect.exe/nt60 C:”，单击“确定”按钮，系统提示 successful 即可；⑤关闭命令提示符窗口重新启动计算机。计算机重新启动时将自动进入安装界面。在该界面可以选择安装语言，同时选择适合自己的时间和货币显示种类及键盘和输入方式；⑥在开始安装界面，单击“修复计算机”超链接（注意不要单击“现在安装”按钮），弹出“系统恢复选项”对话框，选择“命令提示符”选项，进入 DOS 窗口；⑦输入“E:\Win 7\sources\setup.exe”开始安装；⑧选择安装语言、格式化 C 盘即可完成安装。

小练习

1）下载驱动大师，尝试给未安装驱动的计算机安装驱动。

2）安装系统的常用软件。

任务二　制作与连接双绞线

任务说明

网络设备（如网卡、集线器、交换机）之间一般采用双绞线（Twisted-Pair

Wiring）进行连接。双绞线有 4 组共 8 根线，用颜色来区分，即橙白、橙、蓝白、蓝、绿白、绿、棕白、棕。它们两两相交在一起，常用于星形拓扑结构的网络中。双绞线的 8 根线要接入 RJ-45 连接头，俗称水晶头。本任务介绍双绞线的制作与连接。

操作流程

第 1 步：准备设备。压线钳、RJ-45 连接头和五类线如图 1-18 所示。

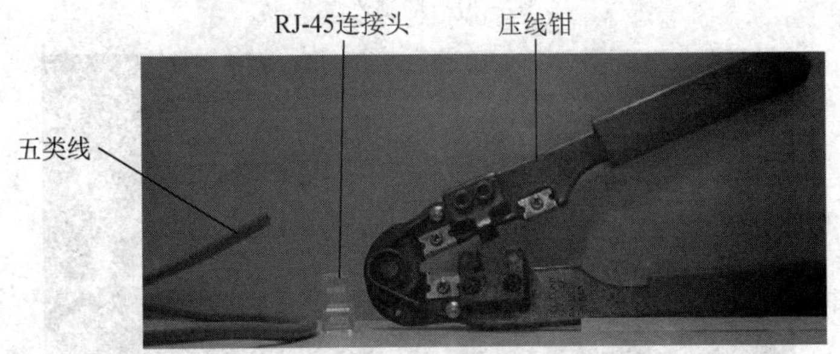

图 1-18　压线钳

第 2 步：剥线。在使用双绞线前需要剥掉其保护层，方法是首先利用压线钳的剪线刀口将线头剪齐，再将线头放入剥线刀口，稍微用力握紧压线钳慢慢旋转，如图 1-19 所示，让刀口划开双绞线的保护层，注意不要损伤里面的芯线表皮。为便于操作，一般剥开表皮长 5cm 左右，把切割后的保护层去掉即可。

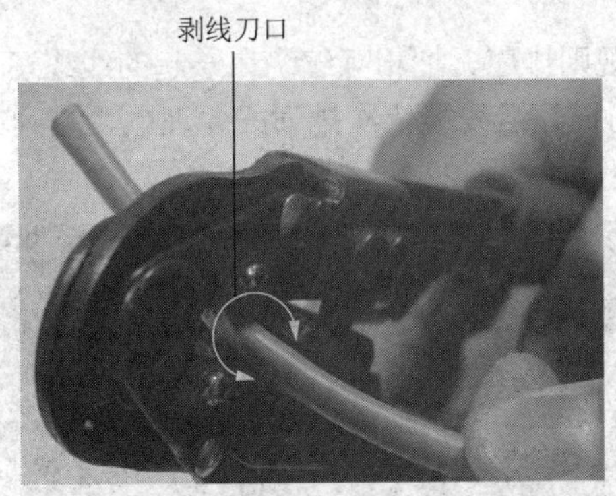

图 1-19　剥线

第 3 步：抽出外套层露出 4 对线，如图 1-20 和图 1-21 所示。

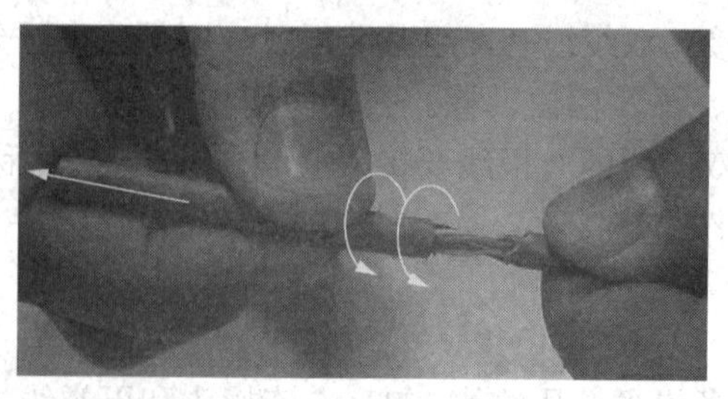

图 1-20　抽出外套层

图 1-21　4 对线

第 4 步：按规则排序。把相互缠绕在一起的线缆逐一解开。解开后根据需要接线的规则把几组线缆依次排列好并理顺，排列的时候应尽量避免线路的缠绕和重叠，如图 1-22 所示。

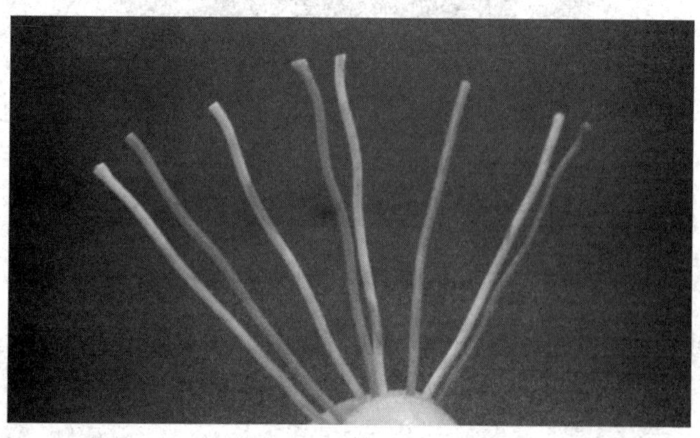

图 1-22　排序

第 5 步：排列整齐。把线缆依次排列并理顺后，由于线缆之前是相互缠绕的会有一定的弯曲，因此应该尽量将线缆扯直并保持线缆扁平。线缆扯直的方法十分简单，即双手抓在线缆的两端向相反方向用力即可，如图 1-23 所示。

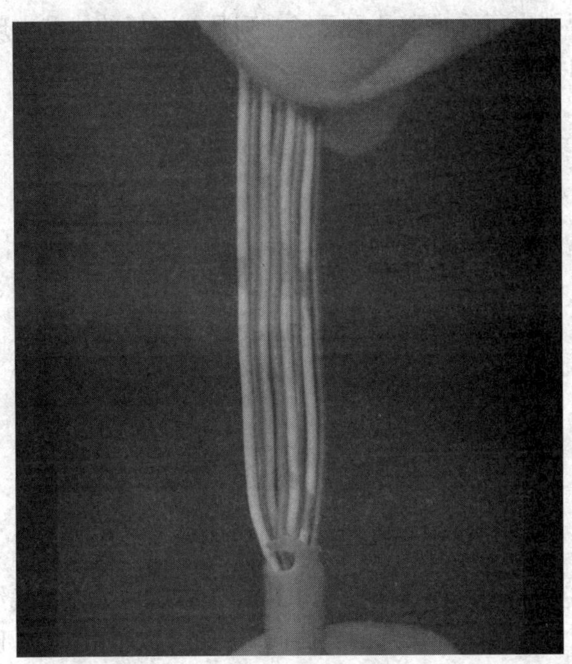

图 1-23　将线缆排列整齐

第 6 步：剪线。把线缆依次排列好并理顺压直后，应该先细心检查一遍，再利用压线钳的剪线刀口把线缆顶部裁剪成合适的长度，一般线缆预留的长度是 1.5cm 左右，如图 1-24 所示。

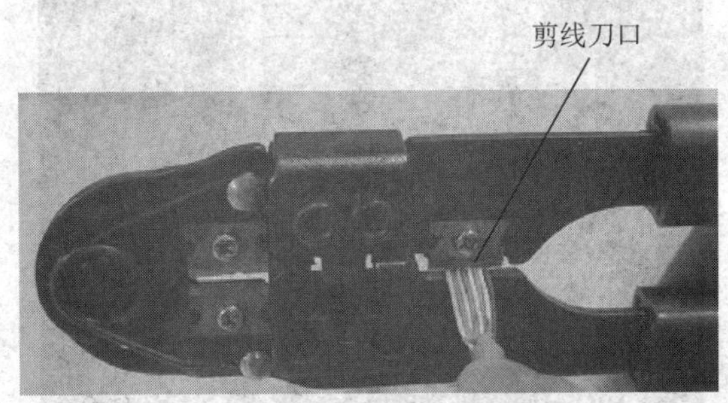

图 1-24　剪线

压线钳挡位离剥线刀口长度通常恰好为 RJ-45 连接头的长度。剥线过长或过短都会出现问题，若剥线过长不但不美观，而且网线表层不能被 RJ-45

连接头卡住，在使用时容易造成线芯松动；若剥线过短，则因有保护层塑料的存在，使网线不能完全插到 RJ-45 连接头底部，造成 RJ-45 连接头插针不能与网线芯线完好接触，有可能使网线无法接通。

裁剪之后，应该尽量把线缆按紧，不要松手，并且避免大幅度移动或弯曲网线，否则也可能导致几组已经排列且裁剪好的线缆出现不平整的情况。剪线后的线缆如图 1-25 所示。

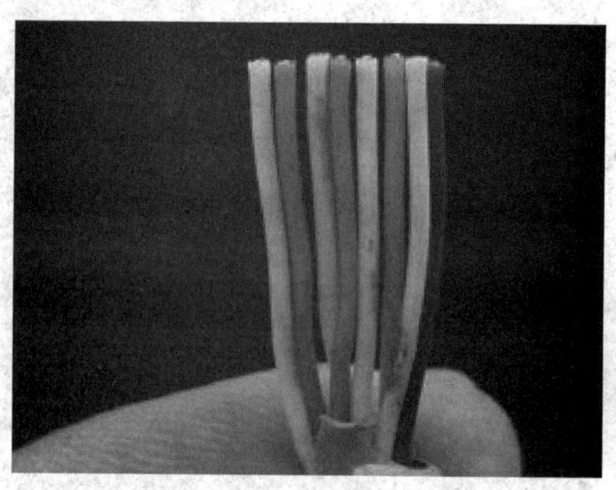

图 1-25　剪线后的线缆

第 7 步：把整理好的线缆插入 RJ-45 连接头内。在将线缆插入 RJ-45 连接头时，应将有塑料弹簧片的一面向下，针脚方向上有方形孔的一端对着自己。此时，最左边的是第 1 脚，最右边的是第 8 脚。插入时要缓缓地用力把 8 条线缆同时沿 RJ-45 连接头内的 8 个线槽插入，直到线槽的顶端。放入插头如图 1-26 所示。

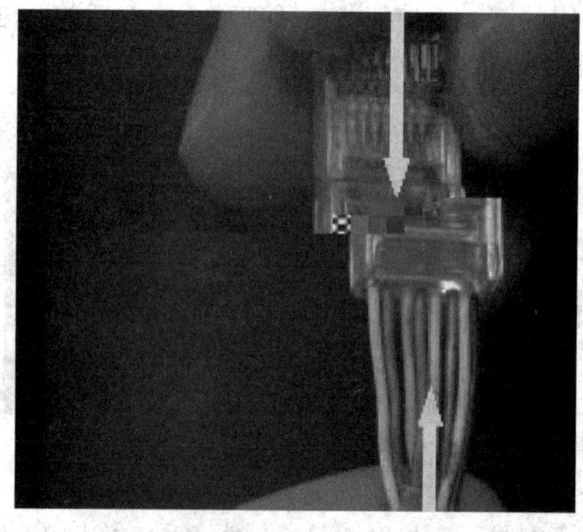

图 1-26　放入插头

第 8 步：压线。检查准备好的双绞线，确认无误后，把 RJ-45 连接头插入压线钳的压线槽内进行压线。准备压线如图 1-27 所示。把 RJ-45 连接头插入后，抓网线的手不要松开，要用力使网线向压线钳方向顶，防止网线从压线槽内退出。另一只手用力握紧压线钳，这样压的过程中，RJ-45 连接头凸出在外面的针脚全部压入 RJ-45 连接头内，受力之后听到轻微“啪”一声即可，如图 1-28 所示。做好的网线头如图 1-29 所示。

图 1-27　准备压线

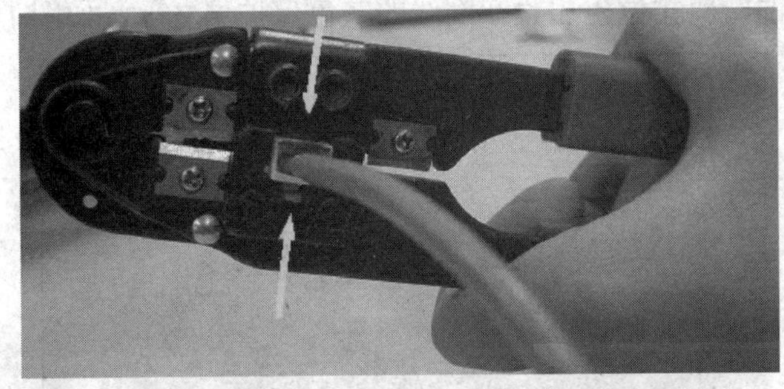

图 1-28　压线

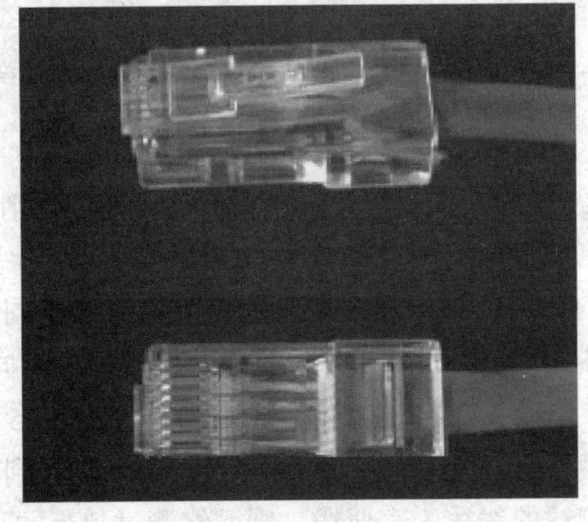

图 1-29　做好的网线头

注意：在压线前，可以从 RJ-45 连接头的顶部检查，看是否每一组线缆都紧紧地顶在 RJ-45 连接头的末端，如图 1-30 所示。

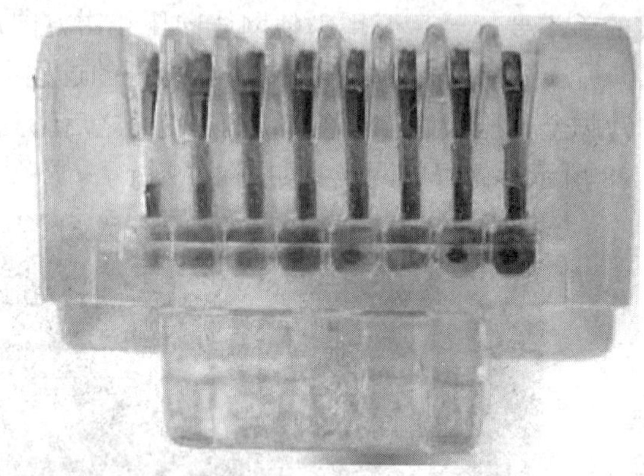

图 1-30　压线前的检查

压好的网线头凸出在外面的针脚全部压入 RJ-45 连接头内，且 RJ-45 连接头下部的塑料扣位也压紧在网线的灰色保护层之上，如图 1-31 所示。

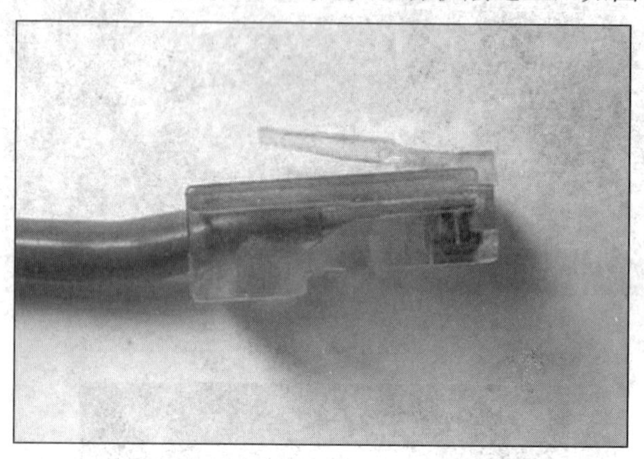

图 1-31　压好的网线头

第 9 步：双绞线测试。双绞线制作完成后，需要使用测试仪进行导通性情况的测试。测试使用的网线测试仪如图 1-32 所示。

网线测试仪的使用：根据网线测试仪接口情况的不同，可决定该测试仪可以测试的线缆类型。图 1-32 所示的设备可以提供对同轴电缆的 BNC 接口网线及 RJ-45 连接头的网线进行测试。我们把在 RJ-45 连接头两端的接口插入测试仪的两个接口之后，启动网络测试仪可以看到其上的两组指示灯都在闪动。若测试的线缆为直通线，则网络测试仪上的 8 个指示灯依次为绿色闪过，证明网线制作成功，可以顺利地完成数据的发送与接收。若测试的线缆为交叉线缆，其中一侧同样是依次由 1～8 闪动绿灯，另外一侧则会以 3、6、1、4、5、2、7、8 的顺序闪动绿灯。

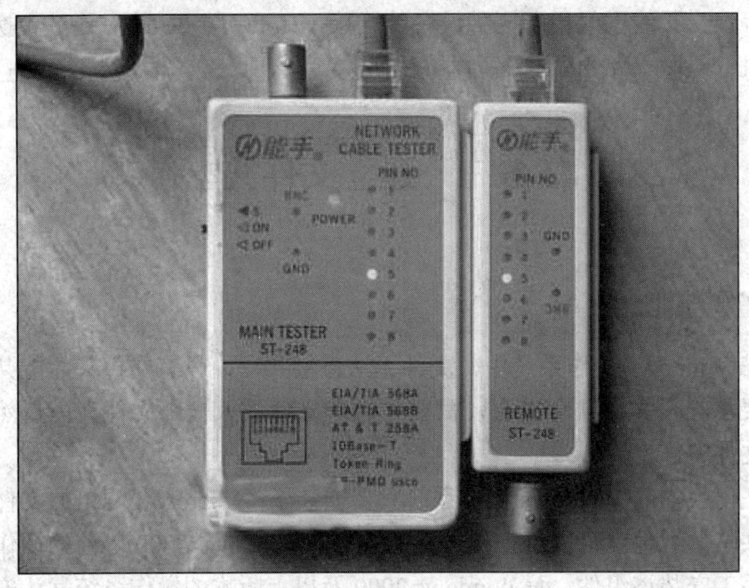

图 1-32　网线测试仪

若出现任何一个灯为红色或黄色，都证明存在断路或接触不良等现象，此时最好先对两端 RJ-45 连接头进行再次压线，压线后进行网线测试。如果故障依旧，检查两端芯线的排列顺序是否一样，如果不一样，剪掉一端重新按另一端芯线排列顺序制作 RJ-45 连接头。如果芯线顺序一样，但网络测试仪对重做 RJ-45 连接头后仍显示红灯或黄灯，则表明其中对应芯线接触不好。此时选择其中的一个重做后再次测试，如果故障消失，则不必重做另一端水晶头，否则应将原来的另一端水晶头剪掉重做，直到测试结果全部为绿色指示灯闪过为止。

知识拓展

双绞网线中有直通网线和交叉网线两种。两端芯线的排列顺序完全一样的网线称为直通网线。例如，一端的 1 脚对应另一端 1 脚，一端的 2 脚对应另一端的 2 脚，依此类推。交叉网线就是一端的 1 脚与另一端的 3 脚对应，一端的 2 脚与另一端的 6 脚对应，一端的 3 脚与另一端的 1 脚对应，一端的 6 脚与另一端的 2 脚对应。其实就是网线两端的两个 RJ-45 连接头，一个采用 568A 标准，另一个采用 568B 标准。

直通网线用于不同网络设备间的连接，如个人计算机（PC）与交换机端口的连接、交换机与路由器（Router）端口的连接、PC 与路由器端口的连接等；交叉线网线用于同种设备的连接，如 PC 与 PC 的对连、交换机与交换机的级联、路由器与路由器间的连接等。

任务三　建立文件共享

任务说明

在 Windows 操作系统中，文件无法直接共享，只有文件夹才能共享。因此要将一个文件共享出去，需要将这个文件放入一个文件夹内，然后共享该文件夹。

任何版本的 Windows 操作系统只要安装了“Microsoft 网络的文件和打印机共享”组件就可以进行文件夹的共享。Windows 2000 以前的操作系统需要手工安装该组件，而 Windows 2000 及以上版本的操作系统默认安装此组件。

设置文件夹共享的方法非常简单，只要在需要共享的文件夹上右击，在弹出的快捷菜单中选择“共享这个文件夹”命令，再按向导完成操作即可。如果右键快捷菜单中没有“共享这个文件夹”命令，则一般有两个原因：①当前登录的不是“管理员”账户；②没有启动计算机浏览器（Computer browser）服务。

文件夹的共享与硬件共享不同的是，对文件夹进行共享时，可以设置访问者的访问权限，在 Windows 2000 以前版本的操作系统中包括读取和更改两项，在 Windows 2000 及以上的版本中包括读取、更改及完全控制 3 项。Windows 2000 及以上版本的共享权限是与用户账户关联的，即可以具体设置不同用户账户的不同共享权限。本任务介绍 Windows 7 操作系统共享文件的方法。

操作流程

第 1 步：将需要共享的文件放进一个文件夹内，如 mywebsite 文件夹，如图 1-33 所示。

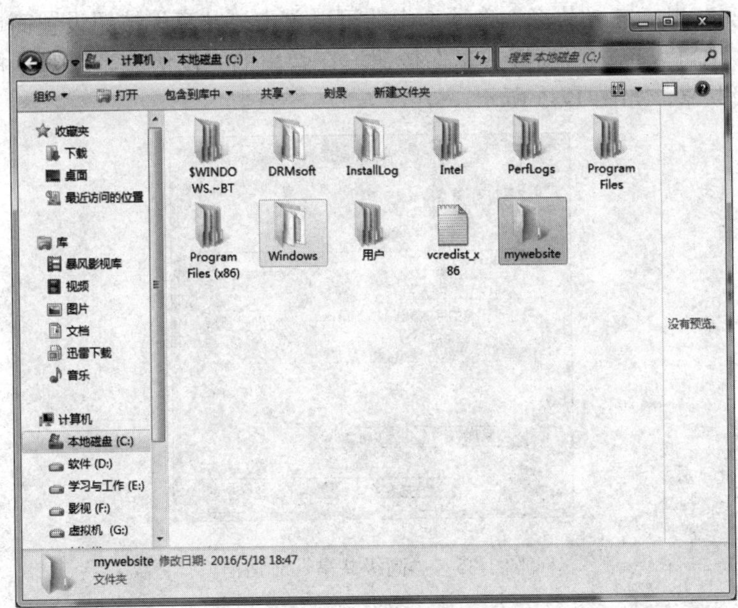

图 1-33　建立共享文件夹

第 2 步：在 mywebsite 文件夹上右击，在弹出的快捷菜单中选择“属性”命令，弹出“mywebsite 属性”对话框，选择“共享”选项卡，如图 1-34 所示。

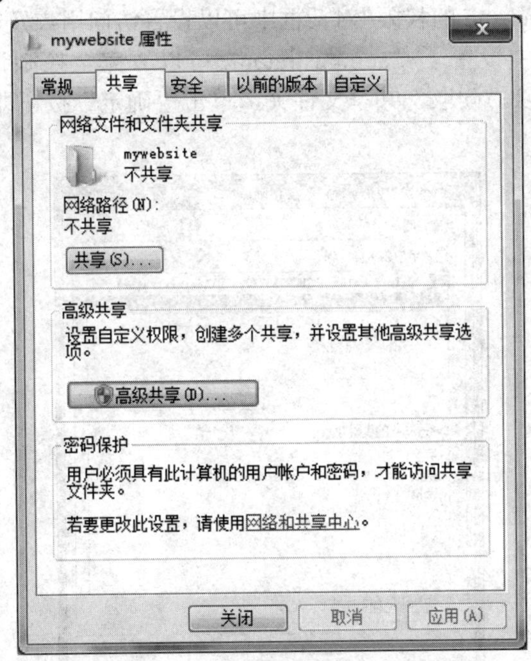

图 1-34　“mywebsite 属性”对话框

第 3 步：在“共享”选项卡中，可以单击“共享”按钮设置简单文件共享，也可以单击“高级共享”按钮，在弹出的“高级共享”对话框中设置高级共享，如图 1-35 所示。

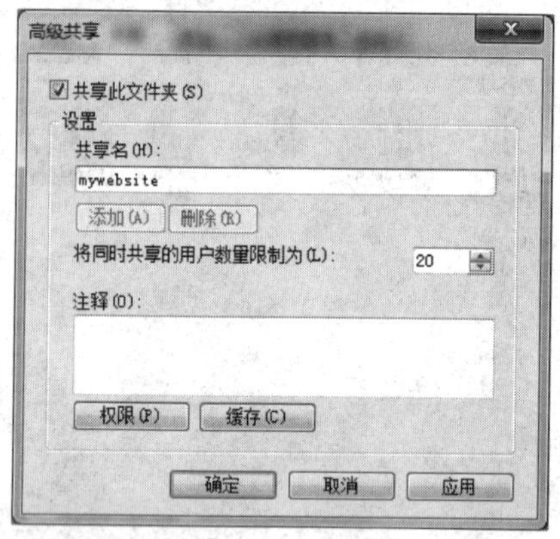

图 1-35　“高级共享”对话框

在计算机性能不太好或共享资料非常大的情况下，做出同时访问资源的用户数限制是很有必要的。在“高级共享”对话框中，可以限制同时访问文件夹的用户数，允许的用户数量的默认值为 167772。

第 4 步：设置权限。在“高级共享”对话框中，单击“权限”按钮，在弹出的“mywebsite 的权限”对话框中可以设置访问用户及其权限。图 1-36 所示的对话框中设置了“administrator”可以“完全控制”共享文件夹，“everyone”可以“读取”共享文件夹，单击“确定”按钮即可完成共享文件夹的操作。

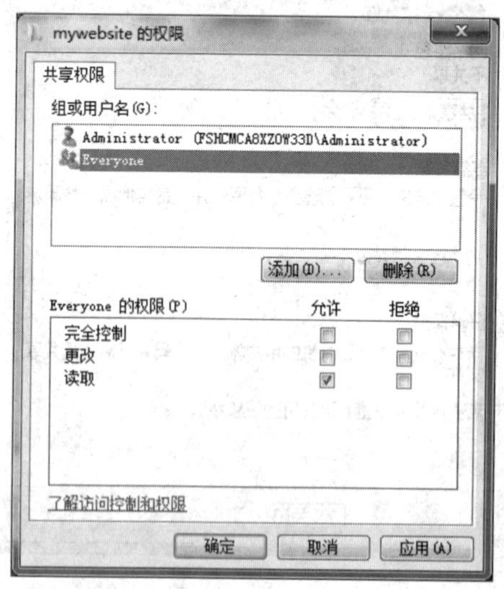

图 1-36　“mywebsite 的权限”对话框

第 5 步：验证配置。在另一台计算机上访问 mywebsite 共享文件夹。访问可以通过 IP 地址进行，也可以使用主机名访问。下面以 IP 地址方式进行访问，在“开始”菜单的搜索框中输入 IP 地址，如图 1-37 所示，按 Enter 键。

图 1-37　以 IP 地址方式访问共享文件夹

第 6 步：在弹出的“Windows 安全”对话框中，输入用户名和密码，如图 1-38 所示。单击“确定”按钮后打开的窗口，如图 1-39 所示（注意，此时如果输入 administrator，则有完全控制的权限；如果输入其他账户，只能对共享文件夹进行读取）。

图 1-38　“Windows 安全”对话框

网络 ▸ 192.168.3.254 ▸
搜索 192.168.3.254
组织 ▾
网络和共享中心
查看远程打印机
桌面
最近访问的位置
库
视频
图片
文档
音乐
家庭组
计算机
网络
mywebsite
共享
1 个对象

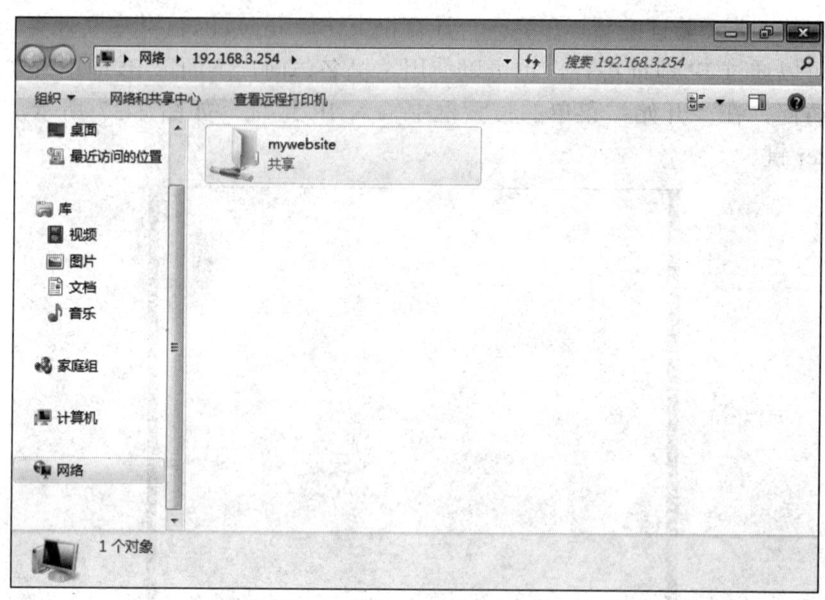

图 1-39　访问共享成功后的窗口

第 7 步：设置隐藏共享。为了增加共享安全性，可以在设置文件夹的共享时采用“隐藏共享”的方法。设置“隐藏共享”只需在共享的文件夹名后加一个“$”符号即可，如图 1-40 所示。

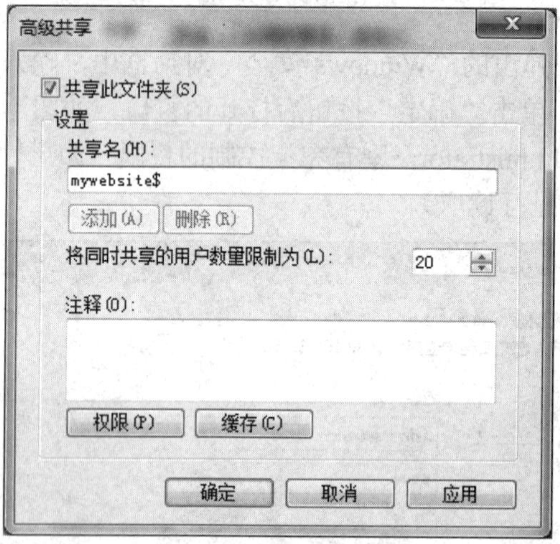

高级共享
共享此文件夹(S)
设置
共享名(H):
mywebsite$
添加(A)
删除(R)
将同时共享的用户数量限制为(L):
20
注释(O):
权限(P)
缓存(C)
确定
取消
应用

图 1-40　设置隐藏共享

第 8 步：访问隐藏共享。访问隐藏的共享文件夹，需要在主机名或 IP 地址后加上共享文件夹名和$符号后才能访问，如图 1-41 所示。

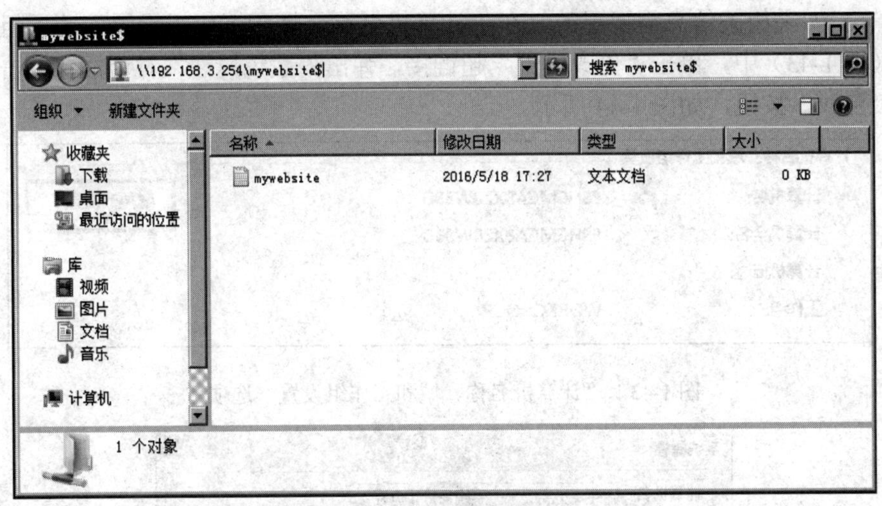

图 1-41　访问隐藏共享

至此，共享文件夹的设置已经完成，要特别注意“隐藏共享”的设置和访问方法。

知识拓展

在 Windows 7 操作系统中，使用家庭组可以方便快捷地共享文件，当尝试与其他版本的 Windows 操作系统共享文件时却常常失败。造成失败的原因多种多样，如工作组名称不同，设置不正确等。为解决上述问题，可进行如下操作。

1）同步工作组。不管使用什么版本的 Windows 操作系统，首先，要保证联网的各计算机的工作组名称一致。要查看或更改计算机的工作组、计算机名等信息，应右击“计算机”图标，在弹出的快捷菜单中选择“属性”命令，如图 1-42 所示。

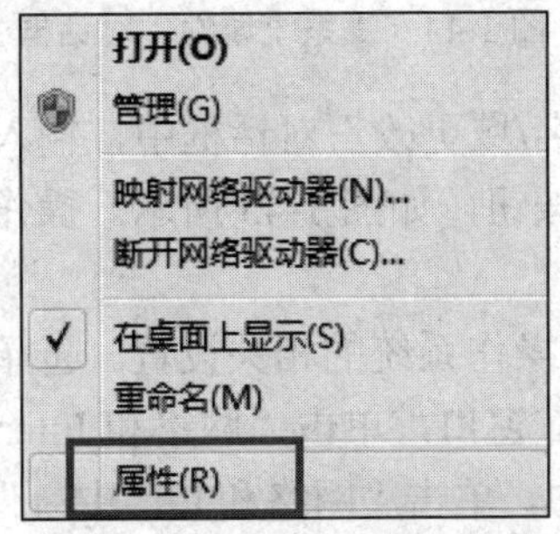

图 1-42　“计算机”图标的快捷菜单

如果相关信息需要更改，在“计算机名称、域和工作组设置”选项组（图 1-43）中，单击“更改设置”超链接，弹出“系统属性”对话框，单击“更改”按钮，如图 1-44 所示。

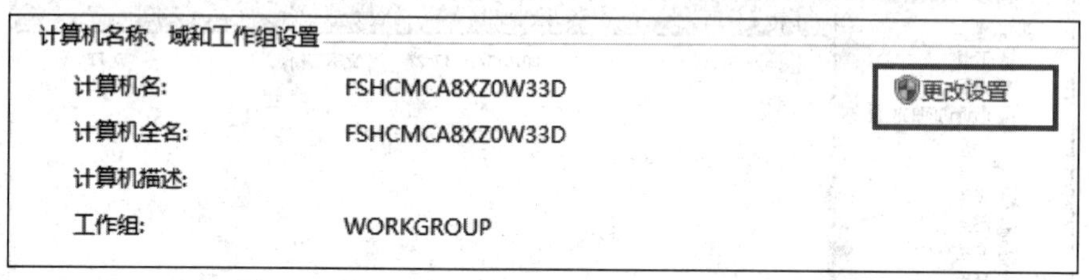

图 1-43　“计算机名称、域和工作组设置”选项组

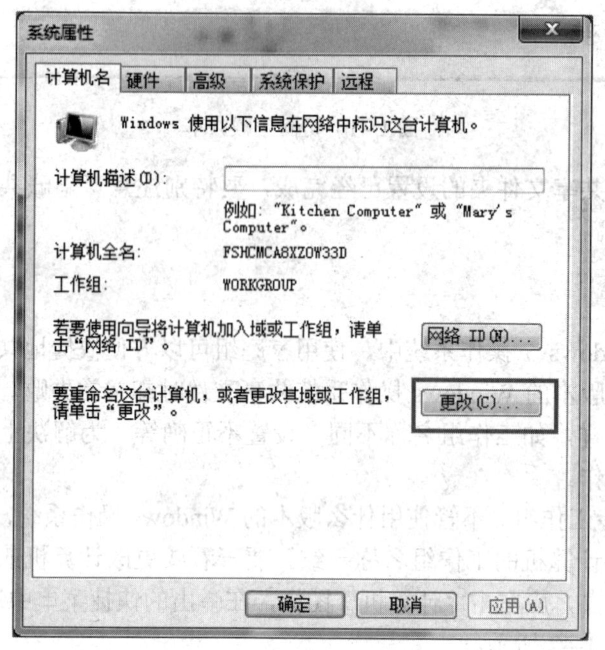

图 1-44　“系统属性”对话框

在弹出的“计算机名/域更改”对话框中，输入合适的计算机名与工作组名后，单击“确定”按钮，如图 1-45 所示。操作完成后，应重新启动计算机使更改生效。

2）更改 Windows 7 操作系统的相关设置。选择“开始”→“控制面板”命令，打开“控制面板”窗口，单击“网络和 Internet”超链接，在打开的“网络和 Internet”窗口中，单击“网络和共享中心”超链接，打开“网络和共享中心”窗口，如图 1-46 所示。

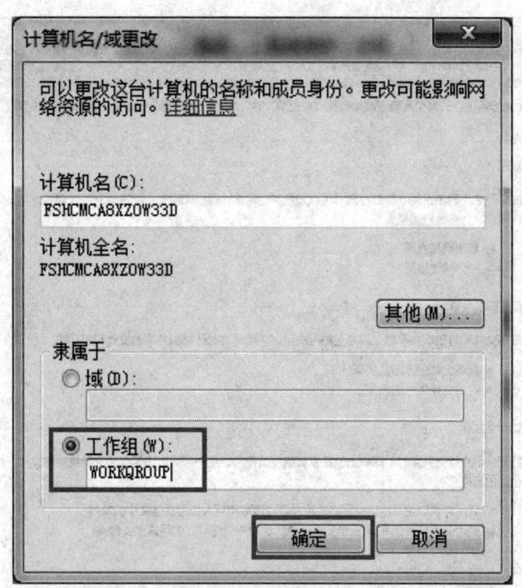

图 1-45　“计算机名/域更改”对话框

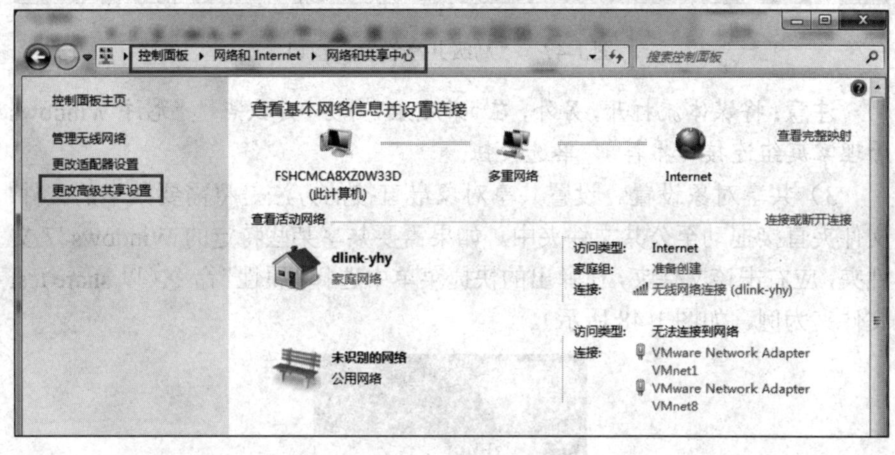

图 1-46　“网络和共享中心”窗口

单击“更改高级共享设置”超链接，打开“高级共享设置”窗口，如图 1-47 所示。在该窗口中点选“启用网络发现”“启用文件和打印机共享”“启用共享以便可以访问网络的用户可以读取和写入公用文件夹中的文件”单选按钮，在“密码保护的共享”选项栏中，点选“关闭密码保护共享”单选按钮，最后单击“保存修改”按钮。

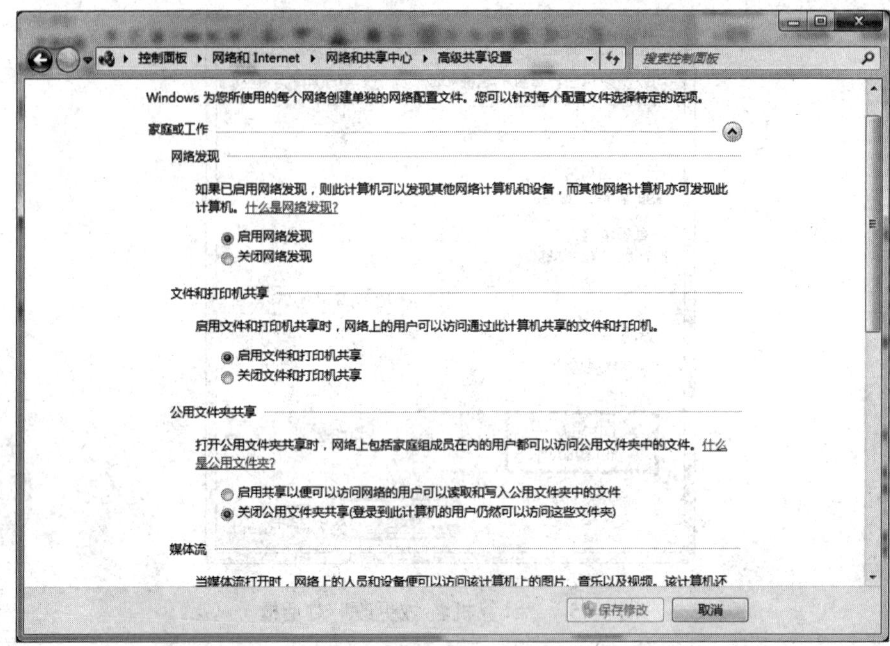

图 1-47 “高级共享设置”窗口

注意：将媒体流打开，另外，在“家庭组”部分，建议点选“允许 Windows 管理家庭组连接（推荐）”单选按钮。

3）共享对象设置。设置共享对象最直接的方法是将需要共享的文件/文件夹直接拖动至公共文件夹中。如果需要共享某些特定的 Windows 7 文件夹，应右击该文件夹，在弹出的快捷菜单中选择“属性”命令（以 share test 文件夹为例，如图 1-48 所示）。

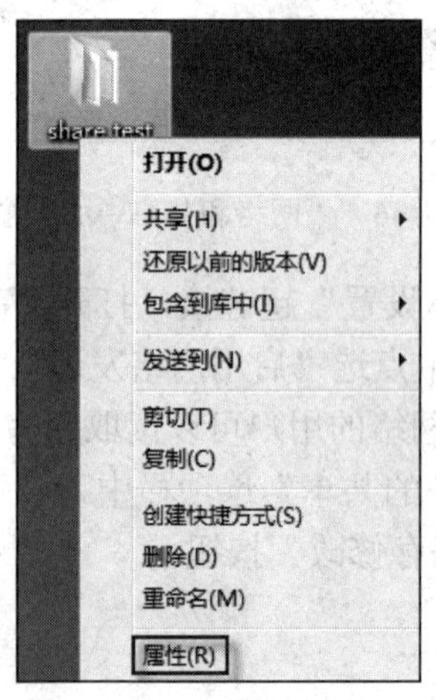

图 1-48 快捷菜单

在弹出的“share test 属性”对话框中选择“共享”选项卡，单击“高级共享”按钮，如图 1-49 所示。

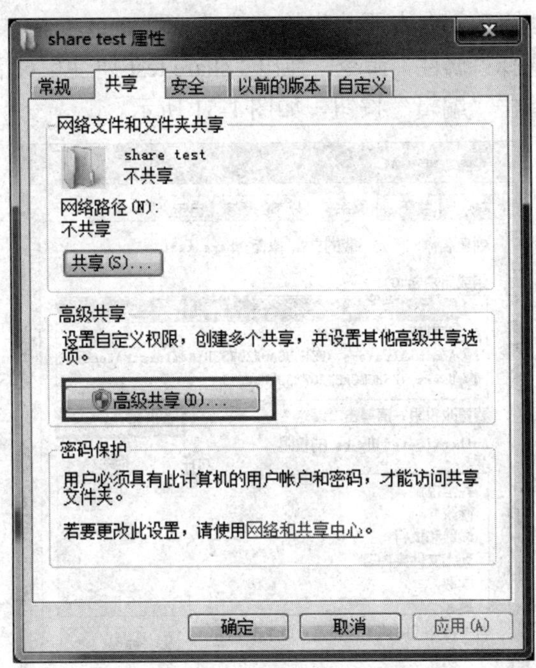

图 1-49 “share test 属性”对话框

在弹出的“高级共享”对话框中勾选“共享此文件夹”复选框，单击“应用”按钮后，单击“确定”按钮退出，如图 1-50 所示。

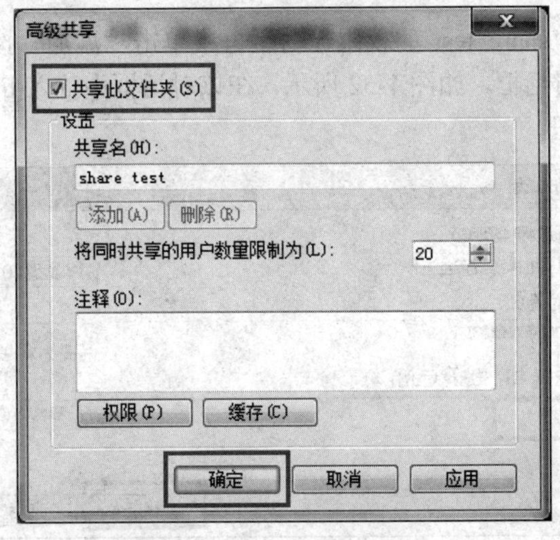

图 1-50 “高级共享”对话框

注意：如果某文件夹被设为共享，则它的所有子文件夹将默认为共享。

在前面2）中，已经关闭了密码保护共享，所以现在要对共享文件夹的安全权限做一些更改。右击要共享的文件夹（即share test文件夹），在弹出的快捷菜单中选择“属性”命令，弹出“share test属性”对话框。选择“安全”选项卡，单击“编辑”按钮，如图1-51所示。

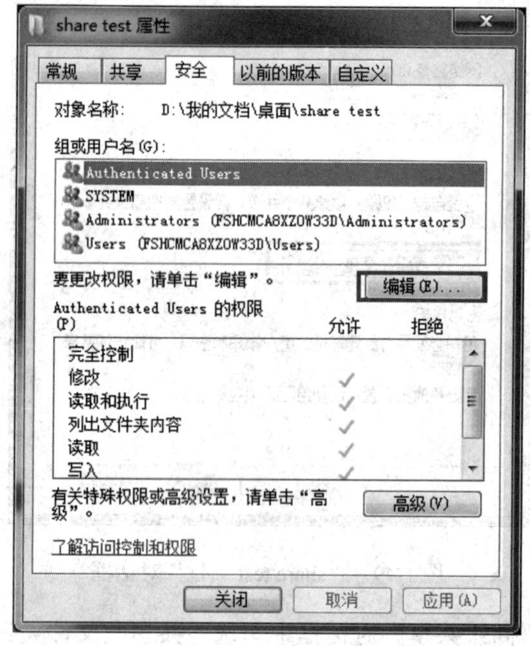

图1-51 “安全”选项卡

在弹出的“share test 的权限”对话框中单击“添加”按钮，弹出“选择用户或组”对话框，如图1-52所示，在该对话框中输入Everyone后，单击“确定”按钮。

图1-52 “选择用户或组”对话框

4）防火墙设置。打开“控制面板”窗口，单击“系统和安全”超链接，打开“系统和安全”窗口，单击“Windows 防火墙”超链接，打开“Windows 防火墙”窗口，单击“允许的程序”超链接检查防火墙设置，确保已勾选“文件和打印机共享”复选框，如图 1-53 所示。

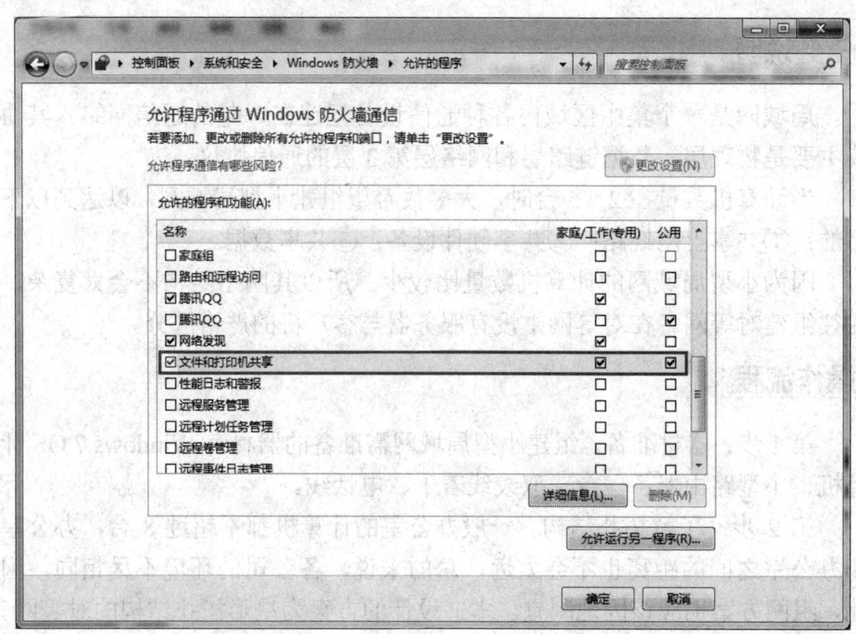

图 1-53　允许通过防火墙的通信设置

5）查看共享文件。打开“控制面板”窗口，单击“网络和 Internet”超链接，打开“网络和 Internet”窗口，单击“查看网络计算机和设备”超链接，在打开的“网络”窗口中单击相应的计算机查看共享文件，如图 1-54 所示。

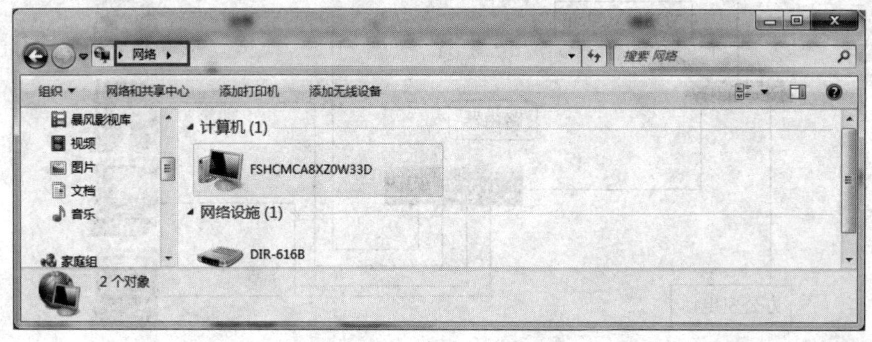

图 1-54　“网络”窗口

注意：这个方法确实能帮助共享文件，但由于关闭密码访问功能，会降低网络安全性。

任务四　配置小型局域网

任务说明

局域网是一个集中区域内各种通信设备互连在一起的通信网络。其协议主要是物理层、数据链路层和网络层第 3 层的通信协议。

当计算机数量在 2～5 台时，大多数希望组建小型局域网，以达到以下目的：①共享上网线路；②共享硬件设备；③共享数据。

因为小型局域网的计算机数量比较少，所以其网络结构不会太复杂，往往组建对等网。在对等网中没有服务器与客户机的严格区分。

操作流程

第 1 步：器材准备。组建小型局域网需准备的器材有 Windows 7 OS 计算机、小型路由器各一台、双绞线若干、电话线。

第 2 步：了解拓扑结构。一般办公室的计算机都不超过 8 台，办公室和办公室之间的距离也不会太远，总的来说，各公司的环境不尽相同，因此，组网方案也应该因地制宜。本书设计的方案为星形拓扑结构的对等网。方案的优点有 4 个：①无需主机，所有计算机都是客户机，没有服务器，可以随意关闭计算机而不影响其他计算机上网；②可以同时多机共享上网；③即插即用，客户机接上网线就可以上网，自动分配 IP 地址，无需手工设置；④扩展方便。网络拓扑结构如图 1-55 所示。

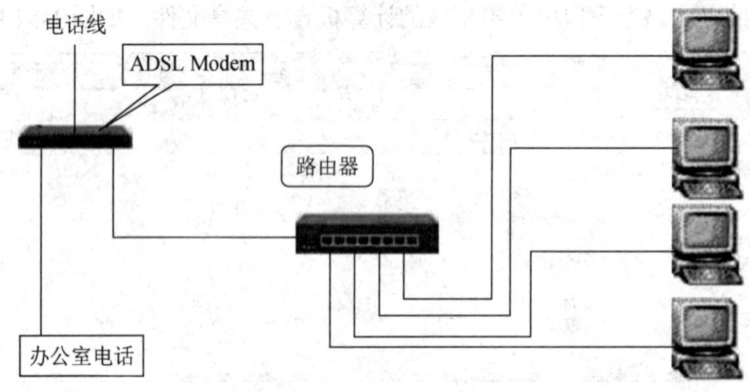

图 1-55　网络拓扑结构

按照拓扑结构用网线将所有计算机与路由器的 LAN 口相连，路由器的 WAN 口与 ADSL Modem（非对称用户数字环路）的 LAN 口相连。考虑整个办公室的美观及不影响工作，建议采用暗线的方式连接，即将网线放在通线管内，将通线管固定在墙壁上，但缺点是成本较高。可以在每根网线的两端用胶布写上相应的序号，以便以后管理。

第 3 步：配置计算机 IP 地址。对所有计算机分别按如下提示操作。

选择“开始”→“控制面板”命令，打开“控制面板”窗口，如图 1-56 所示，单击“查看网络状态和任务”超链接。

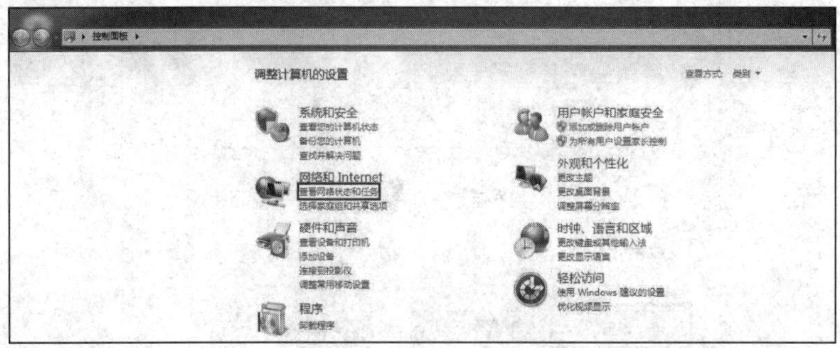

图 1-56　“控制面板”窗口

在打开的“网络和共享中心”窗口中，单击“本地连接”超链接，如图 1-57 所示。在弹出的“本地连接 状态”对话框中，单击“属性”按钮，如图 1-58 所示。弹出“本地连接 属性”对话框，如图 1-59 所示。

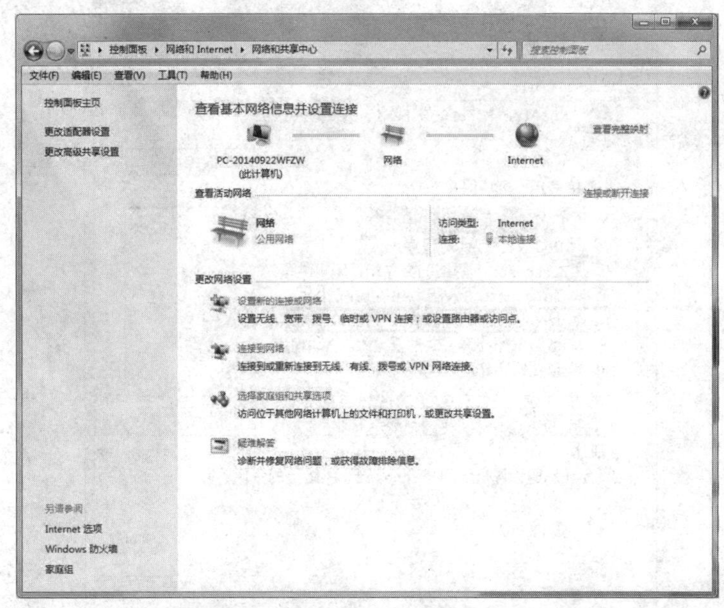

图 1-57　“网络和共享中心”窗口

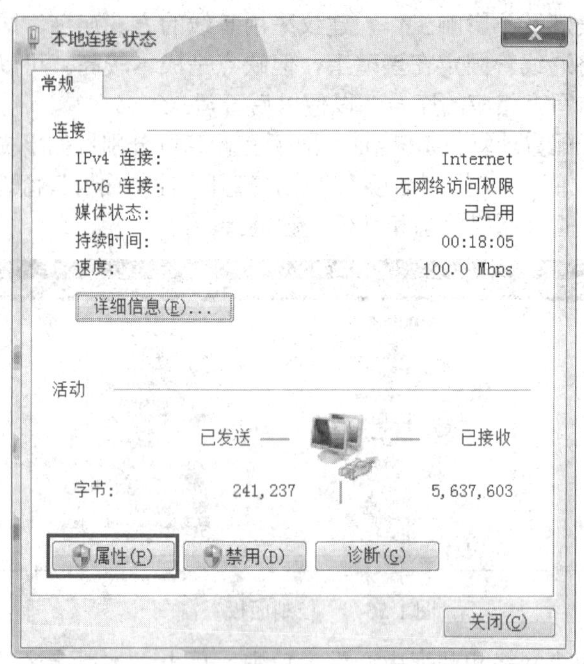

图 1-58 “本地连接 状态”对话框

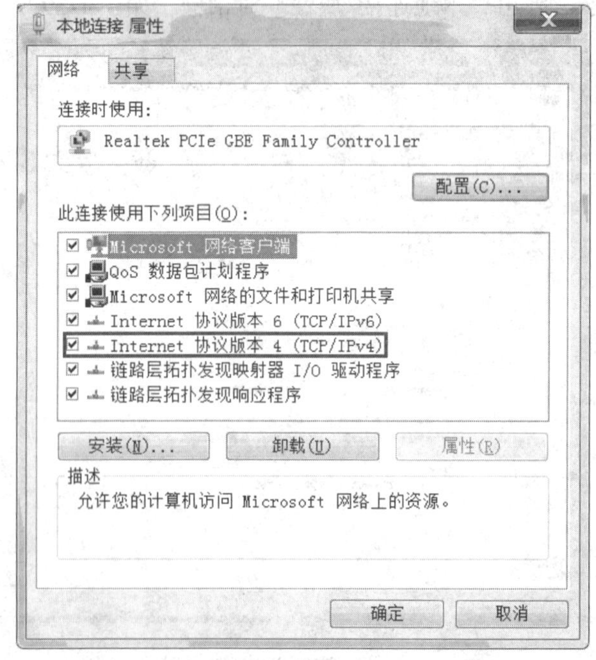

图 1-59 “本地连接 属性”对话框

在“本地连接 属性”对话框中，双击“Internet 协议版本 4（TCP/IPv4）”，在弹出的“Internet 协议版本 4（TCP/IPv4）属性”对话框中，点选“自动获得 IP 地址”和“自动获得 DNS 服务器地址”单选按钮后，单击“确定”按钮，如图 1-60 所示。

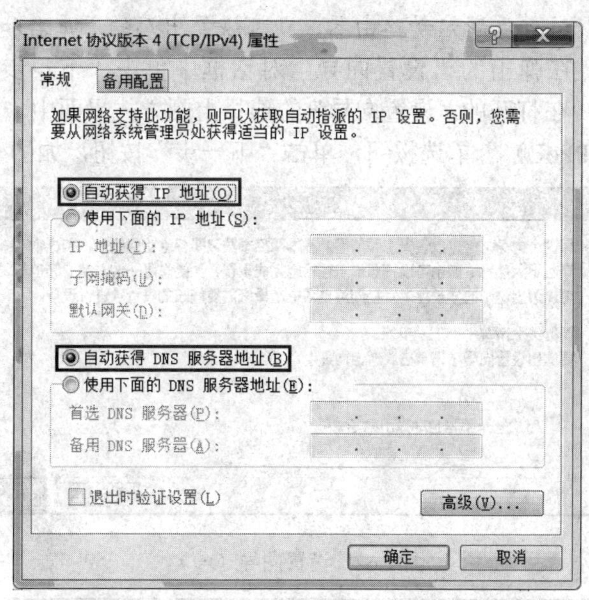

图 1-60　“Internet 协议版本 4（TCP/IPv4）属性”对话框

第 4 步：配置路由器。首先登录路由器，方法是打开浏览器，在地址栏输入 192.168.1.1，按 Enter 键。在弹出的“需要进行身份验证”对话框中输入用户名和密码，如图 1-61 所示。

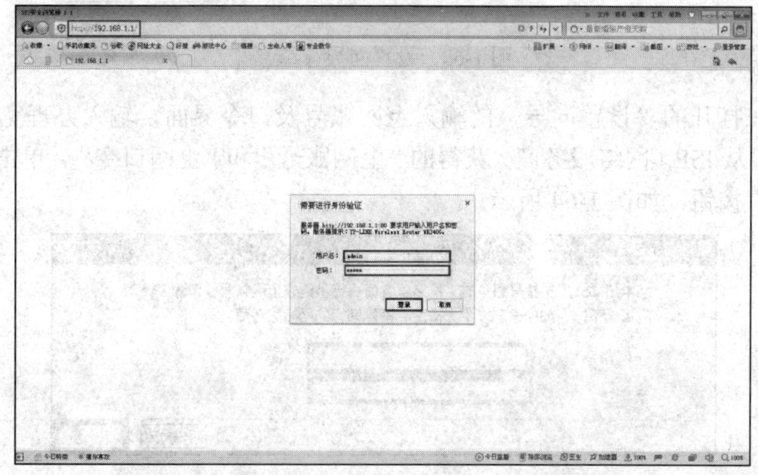

图 1-61　登录路由器

这里默认的用户名和密码是admin，输入后单击“登录”按钮或按Enter键，即可进入路由器配置界面。

注意：TP-LINK路由器默认的IP基本是192.168.1.1，密码基本是admin。如果不是首次登录，且用户名和密码已经被修改，并忘记密码，按路由器上的“Reset”按钮重新启动路由器，即可恢复出厂的用户名和密码。

登录后，在弹出的“设置向导”对话框中单击“下一步”按钮，如图1-62所示。在打开的“设置向导”的选择上网方式界面中，点选“ADSL虚拟拨号（PPPoE）”单选按钮，单击“下一步”按钮，如图1-63所示。

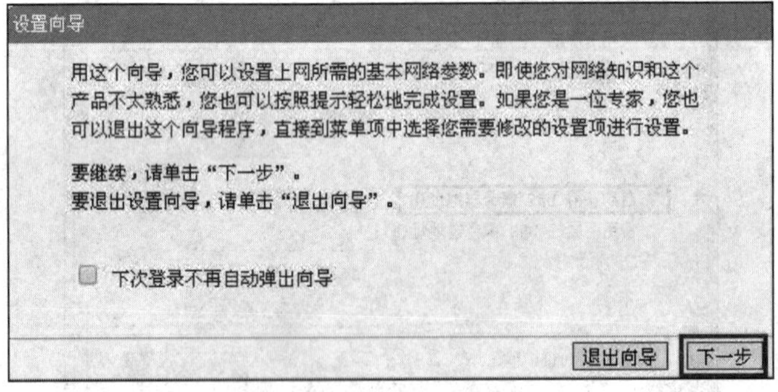

图1-62　设置向导（一）

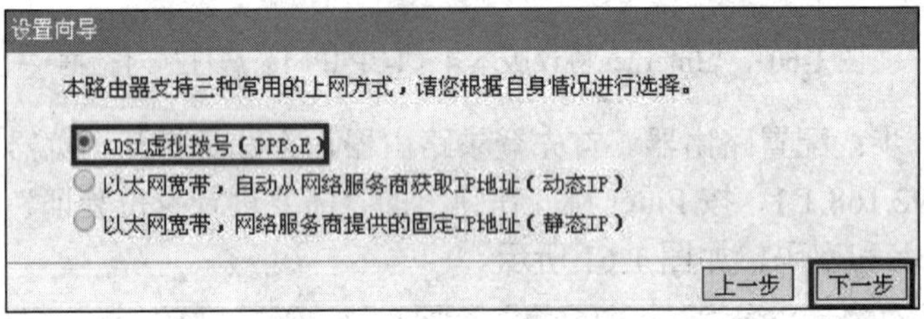

设置向导
本路由器支持三种常用的上网方式，请您根据自身情况进行选择。
ADSL虚拟拨号（PPPoE）
以太网宽带，自动从网络服务商获取IP地址（动态IP）
以太网宽带，网络服务商提供的固定IP地址（静态IP）
上一步　下一步

图1-63　设置向导（二）

在打开的“设置向导”的输入上网账号及口令界面，输入办理宽带业务时，从ISP（网络服务商）获得的“上网账号”和“上网口令”，单击“下一步”按钮，如图1-64所示。

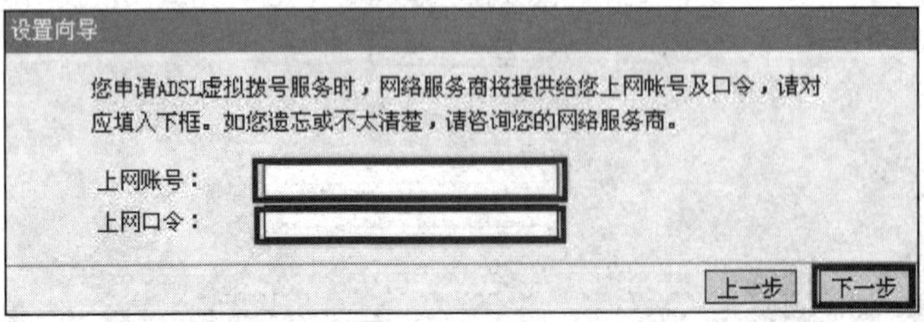

设置向导
您申请ADSL虚拟拨号服务时，网络服务商将提供给您上网帐号及口令，请对应填入下框。如您遗忘或不太清楚，请咨询您的网络服务商。
上网账号：
上网口令：
上一步　下一步

图1-64　设置向导（三）

至此路由器的设置向导设置完毕，单击“完成”按钮，如图 1-65 所示。设置向导自动关闭，打开 TP-LINK 设置窗口。

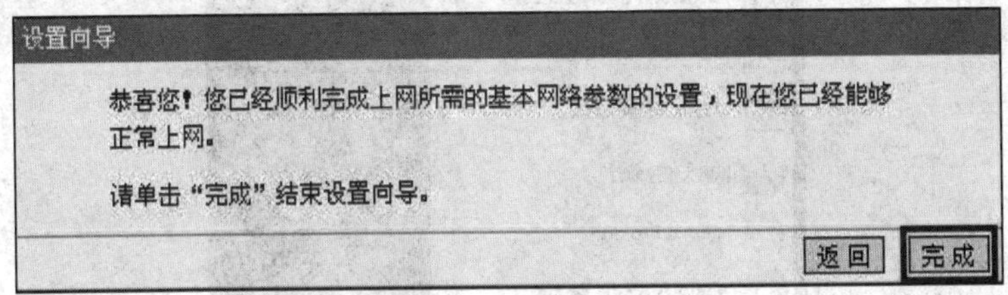

图 1-65　设置向导（四）

在左侧导航栏选择“DHCP 服务器”→“DHCP 服务”命令，在弹出的“DHCP 服务”对话框中启用“DHCP 服务器”。地址池的开始地址设置为 192.168.1.2，地址池的结束地址设置为 192.168.1.99，设置完成后单击“保存”按钮，如图 1-66 所示。

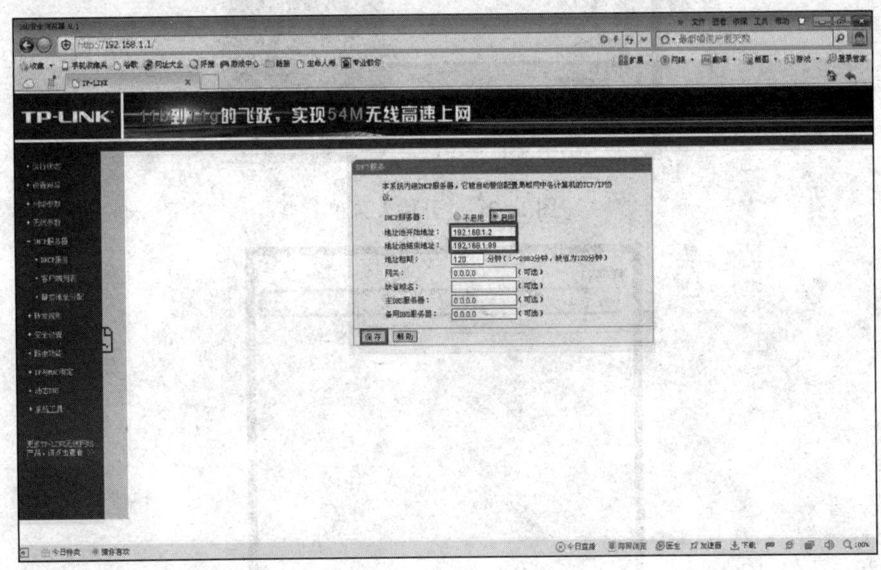

图 1-66　DHCP 服务器设置

第 5 步：测试。路由器和计算机都设置完成后，可以利用 ping 命令测试局域网内各计算机之间，计算机与外网之间是否连通，具体方法如下。

打开“开始”菜单，如图 1-67 所示。在搜索框中输入 cmd，如图 1-68 所示。单击找到的“cmd”程序文件，打开命令提示符窗口，如图 1-69 所示。

图 1-67 “开始”菜单

图 1-68 搜索“cmd”

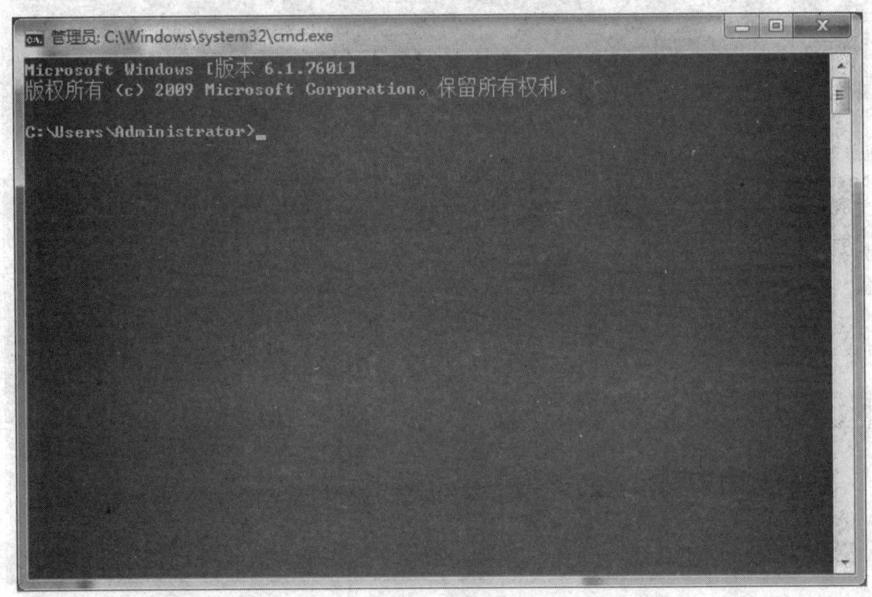

图 1-69　命令提示符窗口

在命令提示符窗口中输入命令 ping 192.168.1.6，如图 1-70 所示，按 Enter 键，显示结果如图 1-71 所示。

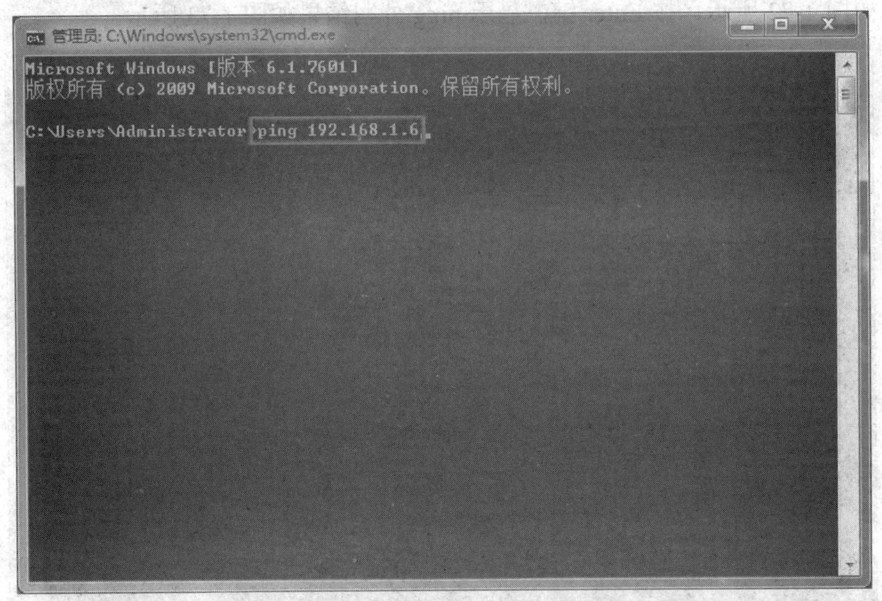

图 1-70　输入 ping 命令

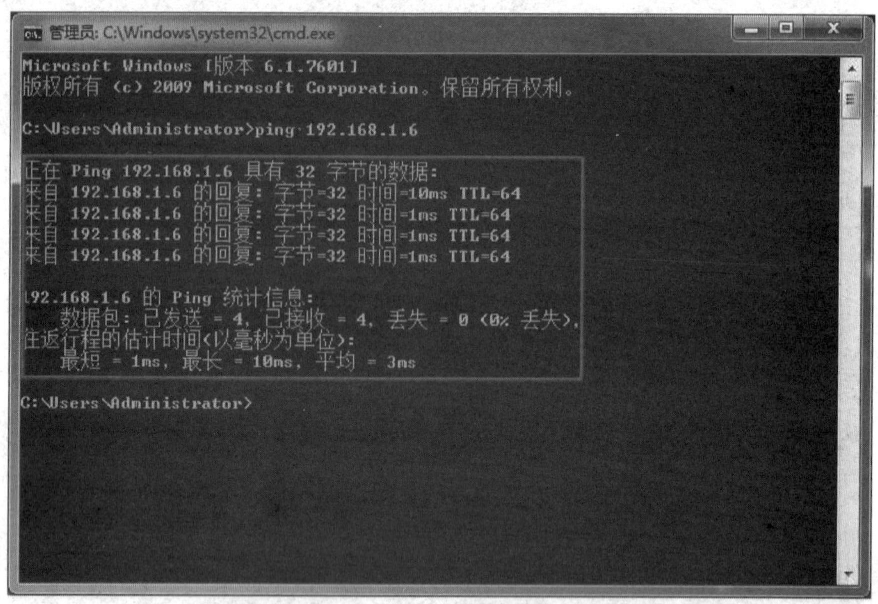

图 1-71　显示结果

通过数据包已发送数量为 4，已接收数量为 4，无丢失可知局域网内计算机处于连通状态。在命令提示符窗口中输入命令 ping www.163.com，如图 1-72 所示，按 Enter 键，显示 ping 外网结果如图 1-73 所示。

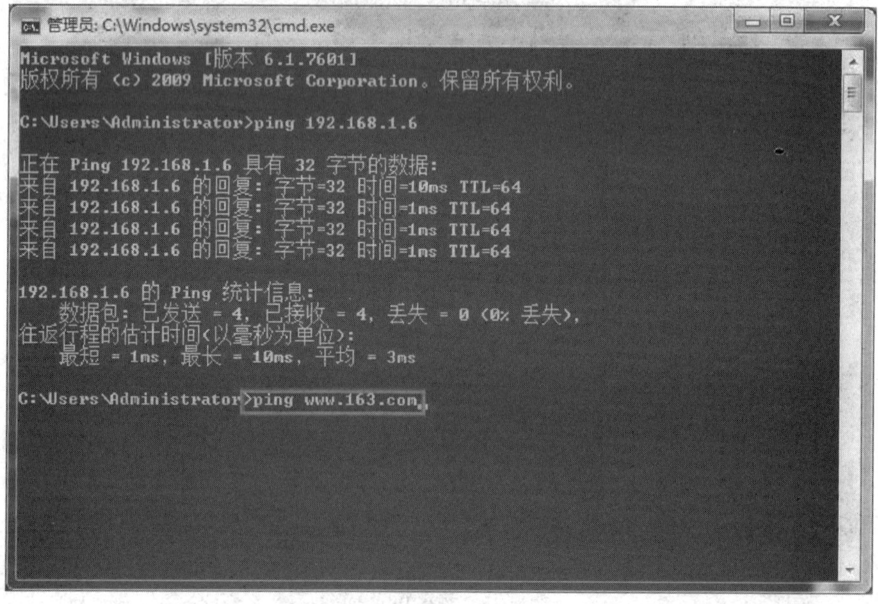

图 1-72　再次输入 ping 命令

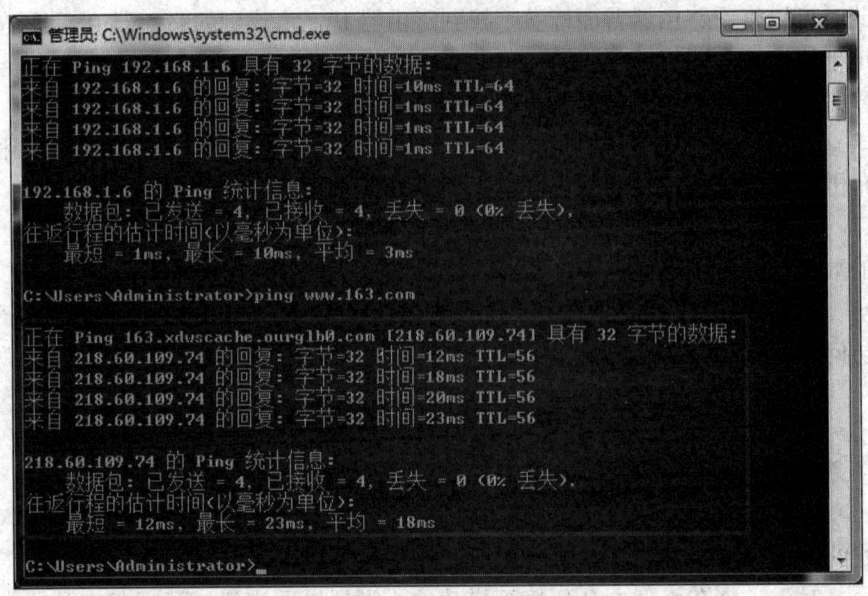

图 1-73　显示 ping 外网结果

通过数据包已发送数量为 4，已接收数量为 4，丢失为 0，可知计算机与外网之间处于连通状态。

知识拓展

网络的拓扑结构是指网络中通信线路和站点（计算机或设备）的几何排列形式。局域网有以下几种拓扑结构：星形、总线型、环形、树形、星形和总线型结合的混合型结构。

1）星形拓扑结构。各站点通过点到点的链路与中心站相连。其特点是很容易在网络中增加新的站点，数据的安全性和优先级容易控制，易实现网络监控，但中心节点的故障会引起整个网络瘫痪。

2）总线型拓扑结构。网络中所有的站点共享一条数据通道。总线型网络安装简单、方便，需要铺设的电缆最短，成本低，某个站点的故障一般不会影响整个网络，但介质的故障会导致网络瘫痪。总线型拓扑结构安全性低，监控比较困难，增加新站点也比星形拓扑结构困难。

3）环形拓扑结构。各站点通过通信介质连成一个封闭的环形。环形网容易安装和监控，但容量有限，网络建成后，难以增加新的站点。

4）树形、混合型等其他类型拓扑结构的网络都是以上述 3 种拓扑结构为基础的。

管理路由器时经常会出现在地址栏输入 192.168.1.1，按 Enter 键后显示无法连接的情况。这可能是由于路由器的管理 IP 不是 192.168.1.1 造成的，此时可以查看路由器背面标签，找到路由器 IP，将找到的路由器 IP 重新在地址栏中输入即可。

从局域网的应用角度看，局域网主要的特点有以下 3 个方面：

1）局域网覆盖有限的地理范围，适用于一座建筑物或一个单位等有限范围内的计算机，终端与各类信息处理设备联网的需求。

2）局域网具有高数据传输速率（10～1000Mbit/s）、低误码率和高质量的数据传输环境等优点。

3）决定局域网特性的主要技术要素是网络拓扑结构、传输介质与介质访问控制方法。

项目总结

通过本项目的学习，应掌握 Windows 7 操作系统的安装过程，熟悉网线的制作与测试方法，并通过共享设置达到文件共享。

对于一个在小型办公环境下搭建的小型局域网来说，管理起来是非常简单的，平时的使用和维护也没有特别复杂的技巧。如果注意以下事项可以提高运行效率，并降低维护难度。

首先，如果局域网内的计算机使用的是相同版本的操作系统，会极大地降低维护难度，并提高运行效率。例如，全网都是 Windows 7 操作系统时设置共享时会非常简单，因为不需要考虑其他计算机能不能识别的问题。

其次，这种级别的局域网不宜扩容。因为外网的带宽是有限的，扩容以后势必会影响网速。另外，扩容以后的拓扑结构会从星形变为树形，会使管理的工作量成倍增加。

最后，尽量不要让局域网外的人接入。因为局域网外的人接入网络除了会占用带宽外，还会有系统安全风险，有时甚至有法律风险。

思考与练习

1）将访问到的共享文件夹映射为本机的驱动器。

2）Windows 7 操作系统默认会隐藏共享驱动器，试永久取消隐藏共享。

3）如果办公室计算机增多，5 台小型路由器的接口不能满足需求，应如何解决？

4）是否可以手动配置办公计算机的 IP 地址？应如何手动配置？

5）如果忘记路由器管理账号的密码，应如何解决？

思考与练习答案

项目二
接入互联网

项目情境

小杨应聘到一家电子商务公司上班。小杨接到的第一个项目是将公司的办公区计算机接入互联网，解决公司的网络办公问题。

项目分解

小杨经过分析后，决定把此项目分为以下几个任务：

任务一　认识互联网

任务二　选购网络硬件

任务三　配置路由器

任务一　认识互联网

任务说明

由于小杨不是计算机网络专业的，对这方面的知识不是很了解，什么是互联网，怎样组建公司的网络，公司要上网应该购置哪些硬件设备，怎样操控它们等，因此需要以最快的速度学习计算机网络方面的知识。小杨按照以往学习的经验，通过上网查询资料，开始了工作以来的第一个任务。

操作流程

第 1 步：查找相关资料。找个有网络的地方，打开计算机中的浏览器，在地址栏中输入 www.baidu.com。打开百度主页，如图 2-1 所示。

图 2-1　百度主页

在“百度一下”文本框中输入关键字，如“计算机网络定义”“计算机网络的分类”“计算机网络的必备硬件”等。

第 2 步：总结查找到的资料。从分布的地理位置来看，计算机网络可分为局域网（Local Area Network，LAN）、广域网（Wide Area Network，WAN）和城域网（Metropolitan Area Network，MAN）。广域网也称互联网，上网可以访问到的网页都属于互联网的范畴。

通过分析可知，公司现在需要建设的是局域网，电信、联通、移动等公司提供的是公司的局域网接入互联网的服务。

第 3 步：理解互联网的概念。互联网又称网际网络，是网络与网络之间所串连成的庞大网络。这些网络以一组通用的协议相连，形成了逻辑上单一巨大的国际网络。通常 internet 泛指互联网，Internet 则特指因特网。这种将计算机网络互相连接在一起的方法称为“网络互联”，在此基础上发展的覆盖全世界的全球性互联网络简称互联网，即互相连接在一起的网络结构。互联网并不等同于万维网，万维网是一个基于超文本相互链接而成的全球性系统，是互联网所能提供的服务之一。

第 4 步：总结互联网的发展历程。互联网产生于 1969 年初，前身是 ARPANET。ARPANET 是美国国防部高级研究计划管理局为军事目的而建立的，开始时只连接了 4 台主机，被称为“网络之父”。由于学术研究机构及政府机构的加入，1972 年这个系统已经连接了 50 所大学和研究机构的主机。1982 年 ARPANET 实现了与其他多个网络的互联，从而形成了以 ARPANET 为主干网的互联网。

1983 年，美国国家科学基金会（NSF）出资，建造了全美 5 大超级计算中心。为使全国的科学家、工程师能共享超级计算机的设施，又建立了基于 IP 协议的计算机通信网络 NSFNET。最初的 NSFNET 使用传输速率为 56Kbit/s 的电话线通信，根本不能满足需要。为解决传输速率问题，NSF 在全国按地区划分计算机广域网，并将它们与超级计算中心相连，最后又将各超级计算中心互联起来，通过连接各区域网的高速数据专线，连接成为 NSFNET 的主干网。1986 年，NSFNET 建成后取代了 ARPANET，成为互联网的主干网。以 ARPANET 为主干网的互联网只对少数的专家及政府要员开放，而以 NSFNET 为主干网的互联网向社会开放。到了 20 世纪 90 年代，随着计算机的普及和信息技术的发展，互联网迅速地商业化，以其独有的魅力和爆炸式的传播速度成为当今的热点。商业利用是互联网前进的“发动机”，一方面，网点的增加及众多企业商家的参与使互联网的规模急剧扩大，信息量也成倍增加；另一方面，更刺激了网络服务的发展。互联网从硬件角度讲是世界上最大的计算机互联网络，连接了全球不计其数的网络与计算机，也是世界上最为开放的系统。同时，它也是一个实用而有趣的巨大信息资源库，允许世界上数以亿计的人们进行通信和共享信息。互联网仍在迅猛发展，并于发展中不断得到更新。

互联网在中国起步时间虽然不长，但却保持着惊人的发展速度。全国目前已有中国科学技术网络（CSTNET）、中国教育和科研计算机网络（CERNET）、中国公用计算机互联网（ChinaNET）、中国金桥信息网（ChinaGBN）共四大互联网和众多的互联网服务提供商（ISP），中文网站也在不断涌现。

互联网的发展速度是惊人的，在现代人的眼中，它已经潜移默化地融入我们的生活。虽然现在网络还存在一定问题，但是随着时代的发展，相信互联网的功能一定会有突飞猛进的发展。

第 5 步：查找公司接入互联网所需的硬件设备。结合公司的实际情况，这样一个全新的网络，需要采购的网络硬件有双绞线、路由器、网卡、RJ-45 连接头、调制解调器（Modem）、网络测试仪、压线钳、交换机等，具体的连接拓扑结构，如图 2-2 所示。

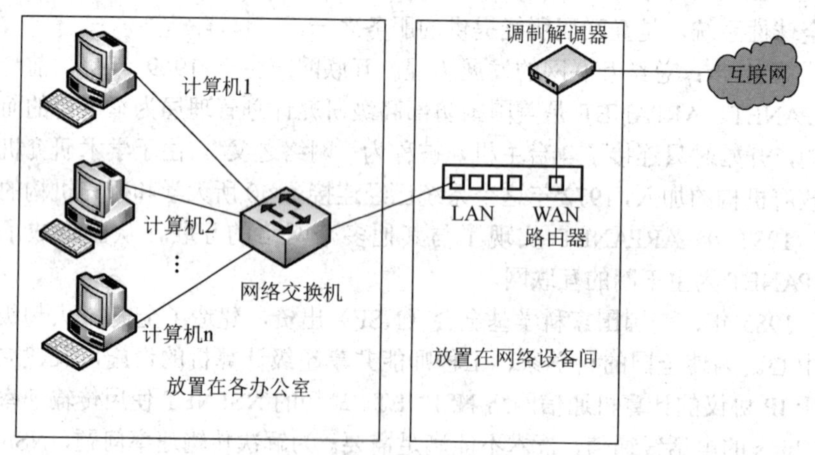

图 2-2　网络的拓扑连接规划图

第 6 步：向 ISP 申请宽带。电话联系联通、电信或移动公司，即 ISP，告诉他们有装宽带的需要，即可根据提示办理相关手续，然后等待 ISP 的相关人员上门调试安装。

知识拓展

“互联网+”是创新 2.0 下的互联网发展新业态，是知识社会创新 2.0 推动下的互联网形态演进及其催生的经济社会发展新形态。“互联网+”是互联网思维进一步实践的成果，推动经济形态不断地发生演变，从而带动社会经济实体的生命力，为改革、创新、发展提供广阔的网络平台。

通俗来说，“互联网+”就是“互联网+各个传统行业”，但并不是两者简单地相加，而是利用信息通信技术及互联网平台，让互联网与传统行业进行深度融合，创造新的发展形态。它代表一种新的社会形态，即充分发挥互联网在社会资源配置中的优化和集成作用，将互联网的创新成果深度融合于经济和社会每个领域之中，提升全社会的创新力和生产力，形成更广泛的以互联网为基础设施和实现工具的经济发展新形态。

2015 年 12 月，《咬文嚼字》杂志发布 2015 年度“十大流行语”，“互联网+”排名第二。

2016 年 3 月 3 日晚，全国人大代表、“腾讯公司”的董事会主席兼首席执行官马化腾在北京召开记者会。对于“互联网+”的落地措施，马化腾提出了多项建议。同时，腾讯旗下的战略级产品“应用宝”在 2015 年推出“应用+”“微下载”，也助力“互联网+”。

任务二　选购网络硬件

任务说明

小杨结合目前公司的实际情况，分析出所需要采购的网络硬件并通过查找相关选购知识进行网络硬件的选购。

操作流程

第 1 步：选择和采购双绞线。双绞线是最常见的一种传输介质，由按一定密度，以螺旋结构排列的两根绝缘铜线外部包裹屏蔽层或塑料皮而构成。它既可以传输数字信号，也可以传输模拟信号。根据不同的分类标准，双绞线可以分为不同的类型。

1）按电气性能划分，分为三类（CAT3）、四类（CAT4）、五类（CAT5）、超五类（CAT5e）、六类（CAT6）、七类（CAT7）双绞线等类型，原则上数字越大，版本越新、技术越先进、带宽也越宽，当然价格也越贵。

2）按是否有屏蔽层划分，分为非屏蔽双绞线（UTP）和屏蔽双绞线（STP），如图 2-3 和图 2-4 所示。

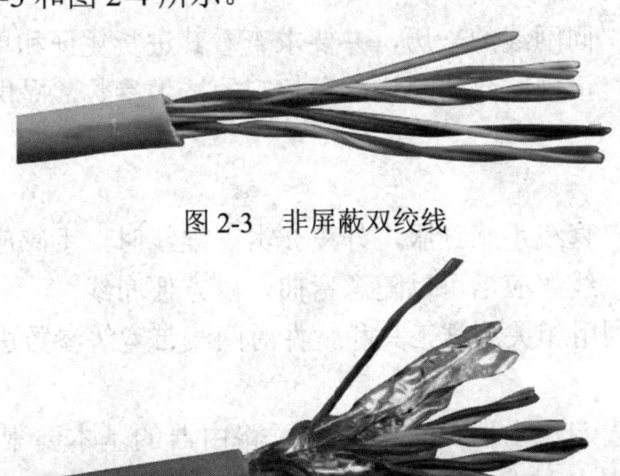

图 2-3　非屏蔽双绞线

图 2-4　屏蔽双绞线

挑选双绞线时的步骤如下。

1）看。

① 看包装箱质地和印刷：仔细查看线缆的箱体、包装是否完好。

② 看外皮颜色及标志：双绞线绝缘皮上应当印有如厂商产地、执行标准、产品类别（如 CAT5e、CAT6 等）、线长标志等字样。最常见的安普五类或超五类双绞线的塑料包皮颜色为深灰色，外皮发亮。

③ 看绞合密度：如果发现电缆中所有线对的扭绕密度相同，或线对的扭绕密度不符合技术要求，或线对的扭绕方向不符合要求，均可判定为伪劣产品。

④ 看导线颜色：与橙色线缠绕在一起的是白橙色相间的线，与绿色线缠绕在一起的是白绿色相间的线，与蓝色线缠绕在一起的是白蓝色相间的线，与棕色线缠绕在一起的则是白棕色相间的线。需要注意的是，这些颜色绝对不是后来用染料染上去的，而是使用相应的塑料制成的。

⑤ 看阻燃情况：双绞线最外面的一层包皮除应具有很好的抗拉特性外，还应具有阻燃性。判断线缆是否阻燃，最简单的方法是用火烧一下，没有阻燃性的线肯定不是真品。

2）闻。

① 闻电缆：真品双绞线应当无任何异味，而劣质双绞线则有一种塑料味道。

② 闻气味：点燃双绞线的外皮，正品线采用聚乙烯，应当基本无味；而劣质双绞线采用聚氯乙烯，味道刺鼻。

3）问。

① 问价格：真品的价格要贵一些，而劣质双绞线较便宜，一般是真品价格的一半左右。

② 问来历：问网线的来历，并要求查看其进货凭证和单据。

③ 问质保：正规厂商的网线都有相应的技术参数，提供完善的质量保证服务。

4）试。

① 试手感：真线手感舒服，外皮光滑，捏线时，手感应当充实。

② 试弯曲：线缆应当可以随意弯曲，以方便布线。

5）测速。利用相关测试工具和软件对网线带宽等参数进行测试，看是否符合要求。

第 2 步：选购路由器。选购时注意路由器的基本要素及性能要求，图 2-5 和图 2-6 是几种路由器的外观。

图 2-5　TP-LINK 路由器外观

图 2-6　D-Link 路由器外观

1）确定要选择的路由器档次。应该根据需求和预算，结合路由器产品的大致价位确定要选择的路由器档次，也可通过比较几个经销商的推荐方案做出合理选择。

2）选择品牌。通过对两、三家厂商同等档次的产品比较做出选择。应从产品特点（MAF）、产品质量、服务质量、厂商信誉等几个方面比较。

3）选择经销商。最好是选择业界著名的品牌，必须有规格齐全的产品系列，整个系统应该具备优秀的可管理性，在数据保护方面应该具备先进的技术，售后服务和技术支持体系必须完善。

第 3 步：选择网卡与调制解调器。

1）网卡（图 2-7）。网卡工作在开放式互连参考模型（ISO/OSI-RM）的物理层，插在计算机的主板扩展槽中，通过网线与网络交换数据。它主要完成两大功能，一是读入由网络传输过来的数据包，经过拆封，将其转换成计算机可以识别的数据，并将数据传输到所需设备中；另一个功能是将计算机发送的数据，封装后输送至其他网络设备。每个网卡都有一个唯一的网络节点地址。这个地址是网卡生产厂家在生产时，输入只读存储芯片（ROM）中的，并称为 MAC 地址或物理地址，且保证绝对不会重复。

图 2-7　网卡

2）调制解调器。调制解调器是一种翻译器。它将计算机输出的原始数字信号转换为适合在模拟信道上传输的信号，这个过程称为调制。在接收端，它将已调制信号恢复为数字信号，这个过程称为解调。由于通信过程是双向的，因此一个调制解调器既带有调制的功能又带有解调的功能。调制解调器如图 2-8 所示。

图 2-8　调制解调器

第 4 步：选择交换机（图 2-9）。交换机的主要参数如下。

1）背板带宽和交换吞吐率。

2）虚拟局域网的类型和数量。

3）链路汇聚。

4）交换机端口的数量及类型。

5）支持网络管理的协议和方法，即能否支持服务质量（QoS）、802.1q、优先级控制、IEEE 802.1X、IEEE 802.3X 协议，Console/Telnet、Web、简单网络管理协议（SNMP）和远端的系统维护，用户认证与授权服务，以及远程认证拨号用户服务（RADIUS）。

6）堆叠的支持，主要参数有堆叠数量、堆叠方式、堆叠带宽等。当用户量提高后，堆叠就显得非常重要了。

7）交换机的交换缓存和端口缓存、主存、转发时延等也是相当重要的参数。对于核心交换机，MAC 地址表深度应不小于 256KB。

8）对于第 3 层交换机来说，生成树（协议为 IEEE 802.1D）也是一个重要参数。这个功能可以让交换机学习到网络结构，对提高网络性能有很大帮助。

9）第 3 层交换机还有一些重要的参数，如启动其他功能时保持线速转发的可行性、路由表大小、访问控制列表大小、对路由协议的支持等。

图 2-9　交换机

第 5 步：选择并安装机柜。网络信息中心机房集中了大部分的网络端接设备、网络互连设备及各类服务器。为了便于维护管理和机房的整齐划一，需要为这些设备选择合适的机柜。在安装机柜的过程中，需要注意的是位置的选择。例如，由于光缆具有频带宽、电磁绝缘性能好、衰减小、中继器间隔较大等优点，目前局域网主干普遍采用光缆作为传输媒介，然而光缆引入机房后，安装需格外谨慎，抽头困难是它固有的难题，连接每条光缆时都要磨光端头，通过电烧烤或化学环氯的工艺与光学接口连在一起，确保光通道不被阻塞。光纤质地脆，易断裂，不能拉得太紧，也不能形成直角，因此放置光纤耦合器的机柜，应安装在便于维护和位置相对固定的地方，如果没有特殊需要，便不再对此机柜进行位置的调整。

第 6 步：机房的装修与布线。机房装修与布线时，应注意以下问题。

1）防电磁干扰。有些单位的网络信息中心靠近机场、信号发射塔等建筑设施，无法避开各类雷达和无线电台的电磁干扰，为保障计算机系统信息安全，防止电磁泄漏，机房必须采取有效的电磁屏蔽措施，并注意在装修及进行其他专业施工时，严禁损坏屏蔽壳体。例如，穿越屏蔽壳体的金属与壳体的接触处必须焊封，所有管线穿墙处的缝隙必须用密封材料填堵。

2）供电系统与静电防护。网络信息中心对于供电系统的要求很高，各单位应根据需要选用离线式或在线式不间断供电电源，禁止使用延伸接线盒和多通电源插座。静电是机房的大敌，所以一定要做好接地，目前比较普遍采用的是防静电地板，必要时工作台和座椅也应进行静电接地。

3）温度、湿度。网络设备对机房的温度、湿度有严格的要求，为了保障计算机系统和网络的正常运行，必须严格按照国家标准的有关规定执行。

4）其他需要注意的问题。在工作中也遇到过鼠害的麻烦，因此在建设初期应对机房电缆和电线涂驱鼠药剂和设置捕鼠、驱鼠装置，避免日后发生老鼠咬断电缆和电线导致系统故障。机房窗户应采用双层密封窗，避免因建筑不严密而使灰尘通过缝隙渗入机房，窗帘应使用阻燃材料。

知识拓展

路由器的作用：路由器是连接局域网与广域网的连接设备，在网络中起着数据转发和信息资源进出的枢纽作用，是网络的核心设备。当数据从某个子网传输到另一个子网时，要通过路由器来完成。路由器根据传输费用、转接时延、网络拥塞或信源和终点间的距离来选择最佳路径。

调制解调器的作用：一是调制和解调功能，二是提供硬件纠错、硬件压缩、通信协议等功能。若这两个功能是由固化在调制解调器中的硬件芯片来完成的，即其所有功能都由硬件完成，则这种调制解调器俗称为“硬猫”。

常见的网络设备如图 2-10 所示。

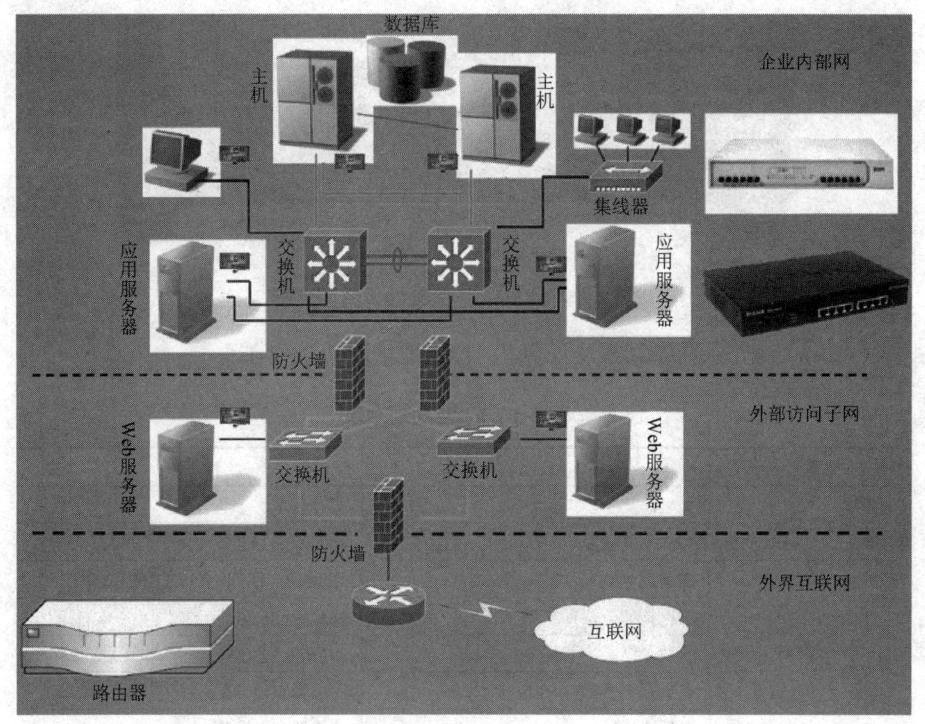

图 2-10　常见的网络设备

任务三　配置路由器

任务说明

小杨通过上网学习对计算机网络的一些基础知识有了初步认识，咨询了身边的几个比较懂计算机的同学后，采购齐了所有的网络设备及工具，开始进行路由器的配置。

操作流程

第 1 步：制作网线并连接好设备。网线的制作在项目一已经做了详细地介绍，在此不再赘述，制作好网线后按照图 2-2 所示连接好各个设备。

第 2 步：连接网线。给路由器接上电源，参照图 2-2 及图 2-11 所示接好网线。

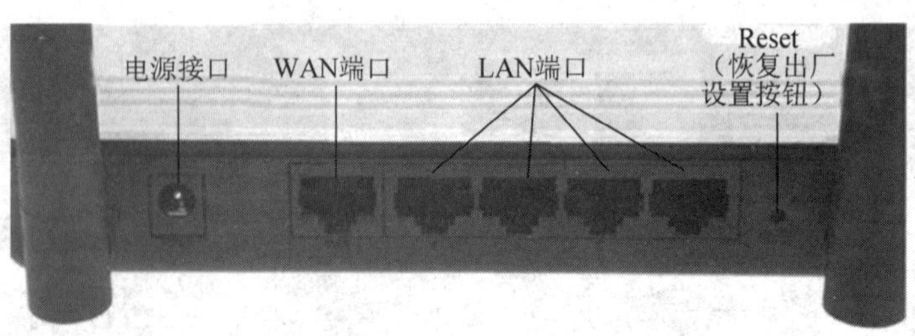

图 2-11　路由器接口功能图

第 3 步：规划路由器及计算机的 IP 地址，见表 2-1。

表 2-1　IP 地址规划表

设备名称	接口名称	IP 地址
路由器	WAN	拨号获取
	LAN	192.168.223.254
计算机	IP 地址	192.168.223.100～192.168.223.200
	子网掩码	255.255.255.0
	网关	192.168.223.254
	首选域名系统（DNS）	路由器自动分配
	备用 DNS	路由器自动分配

第 4 步：查看路由器的用户名和密码。不知道用户名和密码就不能进入路由器的设置界面对路由器进行操作，无法上网，路由器的许多功能也就无法使用，而很多网络新手对路由器的用户名和密码是什么并不是很清楚，其实只需记住：大部分路由器的用户名和密码都是 admin，还有小部分是 guest，如果这些都不行可参考路由器说明书或路由器背面的标签。以腾达及 TP-LINK 路由器为例（参见图 2-12 和图 2-13），背面标签标有 IP 地址和路由器密码。

图 2-12　腾达路由器背面

图 2-13 TP-LINK 路由器背面

第 5 步：配置计算机的 IP 地址。打开配置 IP 地址窗口的步骤如下，右击“网络”图标，在弹出的快捷菜单中选择“属性”命令，如图 2-14 所示。打开“网络和共享中心”窗口，如图 2-15 所示。

单击“更改适配器设置”超链接，打开“网络连接”窗口，双击“本地连接”图标，弹出“本地连接 状态”对话框，单击“属性”按钮，弹出“本地链接 属性”对话框，在“此连接使用下列项目”列表框中，双击“Internet 协议版本 4（TCP/IPv4）”，弹出“Internet 协议版本 4（TCP/IPv4）属性”对话框。

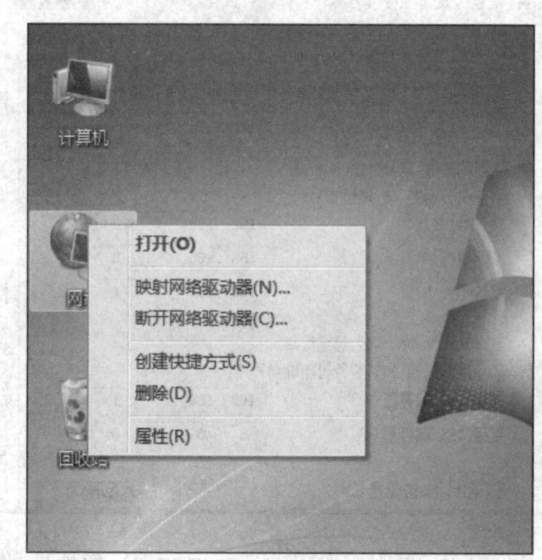

图 2-14 “网络”的快捷菜单

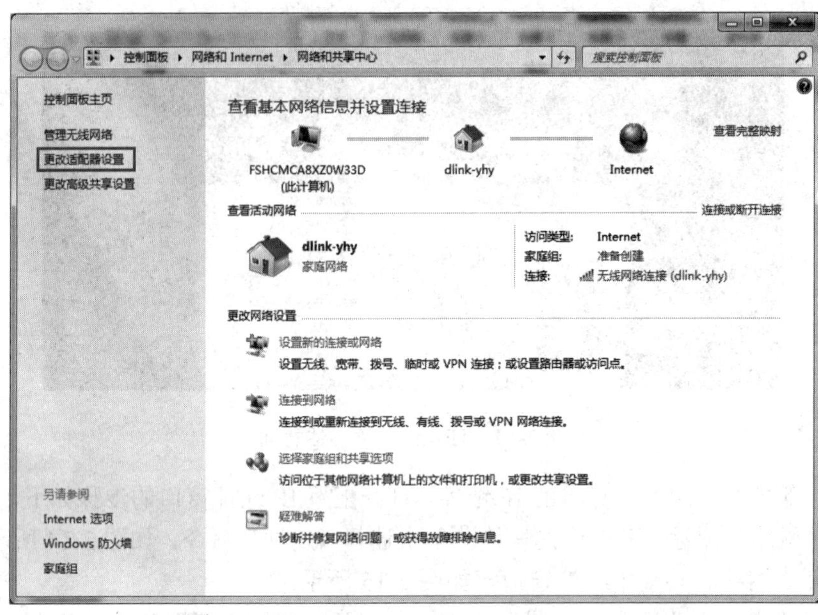

图 2-15　“网络共享中心”窗口

勾选“使用下面的 IP 地址”和“使用下面的 DNS 服务器地址”复选框，并在其上填写正确的信息，如图 2-16 所示。

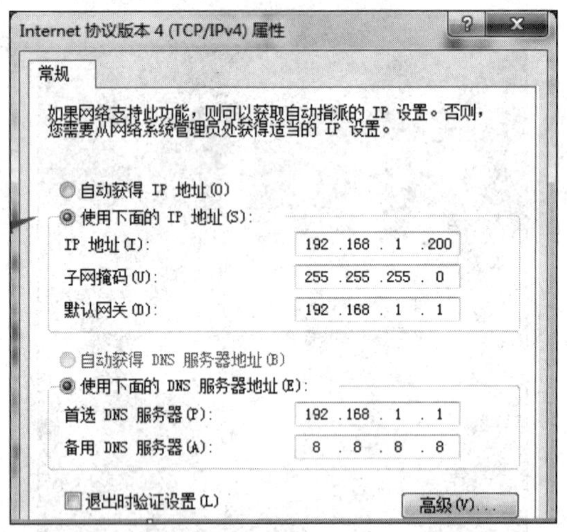

图 2-16　“Internet 协议版本 4（TCP/IPv4）属性”对话框

此处“默认网关”文本框中的地址是局域网去往另一个网络（图 2-16 是去往 Internet）的关口设备局域网接口的地址。DNS 服务器是中国电信广东分公司的 DNS 服务器的地址（所在地区的 DNS 服务器地址，可向 ISP 进行查询）。DNS 服务器是负责域名和 IP 地址间转换的一种服务器。

按同样的方法配置其他计算机，局域网内的计算机就可以实现相互间的访问了。需要注意的是，IP 地址的最后一位每台计算机都需不一样。

第 6 步：配置路由器。配置好计算机的 IP 地址，连接好网线后，在浏览器搜索框中输入路由器背面的 IP 地址（一般是 192.168.1.1 或 192.168.0.1），按 Enter 键，打开路由器的管理主页面，输入相应的用户名和密码，如图 2-17 所示。

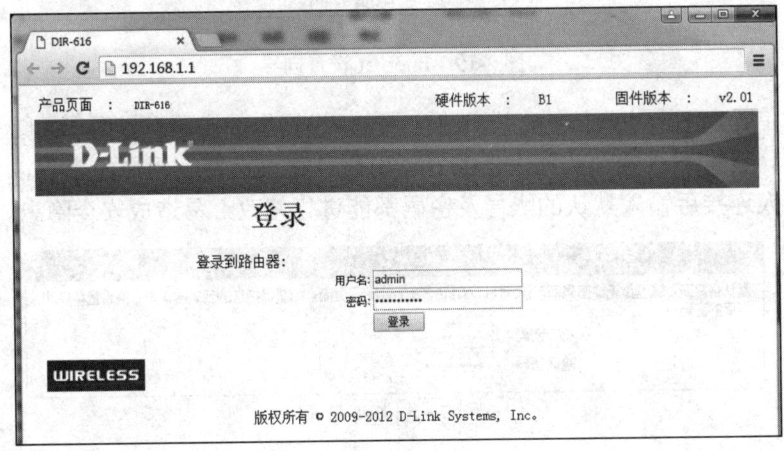

图 2-17　D-link 登录界面

单击“登录”按钮进入操作界面，单击“Internet 连接设置向导”按钮，如图 2-18 所示。进入 Internet 设置向导，如图 2-19 所示。

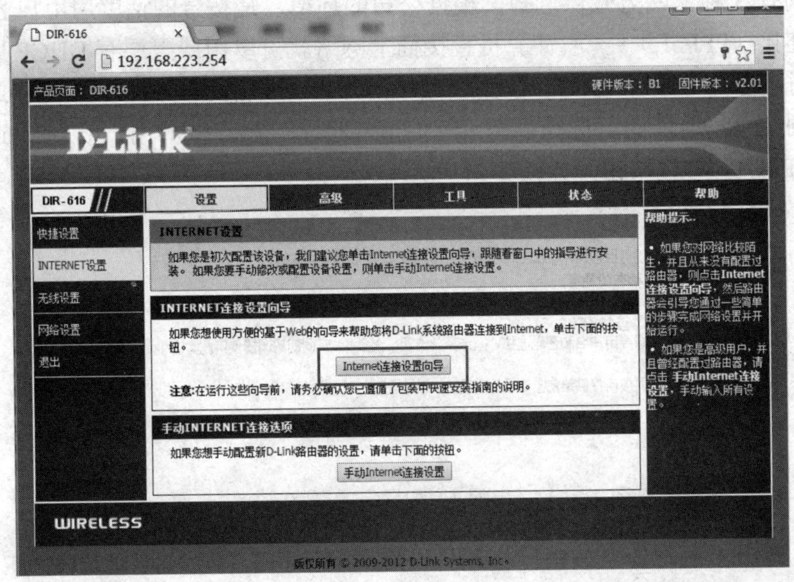

图 2-18　D-link 配置界面

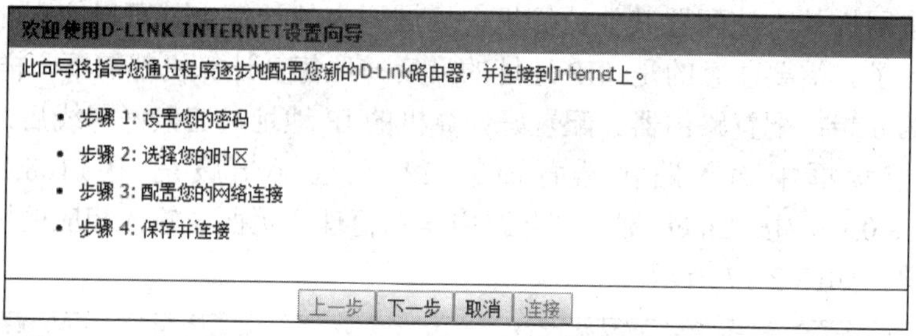

欢迎使用D-LINK INTERNET设置向导

此向导将指导您通过程序逐步地配置您新的D-Link路由器，并连接到Internet上。

- 步骤 1: 设置您的密码
- 步骤 2: 选择您的时区
- 步骤 3: 配置您的网络连接
- 步骤 4: 保存并连接

上一步 下一步 取消 连接

图 2-19 Internet 设置向导

单击“下一步”按钮，进入“步骤 1：设置您的密码”界面，如图 2-20 所示。设置下次登录此路由器的管理密码，建议不要使用原始密码，否则任何人连接后输入默认的账号及密码都能进行修改，易造成安全隐患。

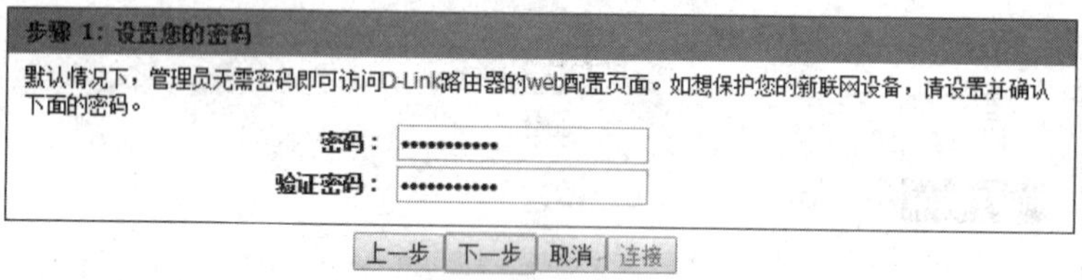

步骤 1：设置您的密码

默认情况下，管理员无需密码即可访问D-Link路由器的web配置页面。如想保护您的新联网设备，请设置并确认下面的密码。

密码：••••••••••••

验证密码：••••••••••••

上一步 下一步 取消 连接

图 2-20 “步骤 1：设置您的密码”界面

单击“下一步”按钮，打开“步骤 2：选择您的时区”界面，不做修改直接单击“下一步”按钮，打开“步骤 3：配置您的网络连接”界面，可以看到有 3 种上网方式供选择，根据公司的环境，是拨号的话就用用户名/密码连接（PPPoE）。一般计算机直接插上网络就可以用或上层有 DHCP 服务器时，选择 DHCP 连接（动态 IP 地址）方式，上层没有 DHCP 服务器或想要固定 IP 地址的可选择静态 IP 地址连接。这里点选“用户名/密码连接（PPPoE）”单选按钮，如图 2-21 所示。

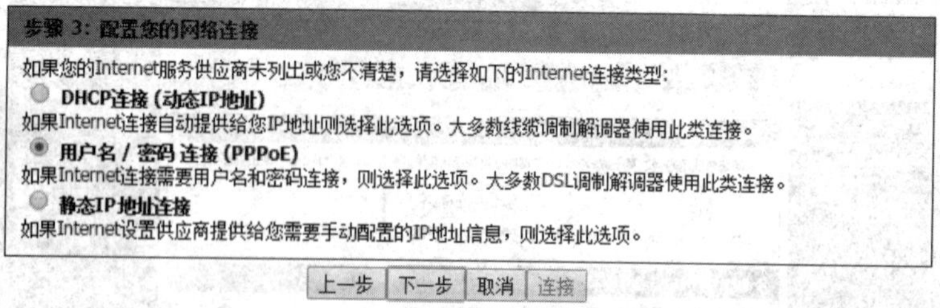

步骤 3：配置您的网络连接

如果您的Internet服务供应商未列出或您不清楚，请选择如下的Internet连接类型：

DHCP连接（动态IP地址）

如果Internet连接自动提供给您IP地址则选择此选项。大多数线缆调制解调器使用此类连接。

用户名 / 密码 连接 (PPPoE)

如果Internet连接需要用户名和密码连接，则选择此选项。大多数DSL调制解调器使用此类连接。

静态IP地址连接

如果Internet设置供应商提供给您需要手动配置的IP地址信息，则选择此选项。

上一步 下一步 取消 连接

图 2-21 “步骤 3：配置您的网络连接”界面

单击“下一步”按钮，打开“设置用户名和密码用于连接（PPPoE）”界面，如图 2-22 所示，输入用户名和密码。注意，此用户名和密码由 ISP

服务人员提供。

设置用户名和密码用于连接（PPPOE）

您需要从Internet服务供应商(ISP)处获得用户名和密码来建立此连接。您如果不知道这些信息，请联系ISP。

地址模式：◉ 动态IP ○ 静态IP

IP地址：

用户名：07520753466

密码：••••••••

验证密码：••••••••

服务名：（可选）

注意：您可能也需要提供服务名。如果您不知道这个信息，请联系您的ISP。

上一步　下一步　取消　连接

图 2-22　“设置用户名和密码用于连接（PPPoE）”界面

单击“下一步”按钮，打开“设置完成”界面，如图 2-23 所示。

图 2-23　“设置完成”界面

单击“连接”按钮，打开 D-Link 拨号成功界面，选择“状态”选项卡，切换到路由器的状态界面，会看到路由器拨号成功的页面信息，如图 2-24 所示。

DIR-616　设置　高级　工具　状态

设备信息　日志　流量统计　无线　退出

设备信息

此页显示所有的Internet和网络连接详细信息。此处也显示了固件版本。

一般

时间：2016/03/23 19:14:32

固件版本：v2.01

WAN

连接类型：PPPoE

线缆状态：连接

网络状态：连接

连接　断开

连接时间：0 天,0 时,0 分,20 秒

MAC地址：0C:60:76:6D:65:1D

本地地址：119.132.190.242

子网掩码：255.255.255.255

对端IP地址：119.132.188.1

首选DNS服务器：202.96.128.86

备用DNS服务器：202.96.134.33

图 2-24　D-Link 拨号成功界面

选择“设置”选项卡，在打开的界面中选择左侧的“网络设置”选项，打开网络设置页面，如图 2-25 所示，在“路由器设置”页面中的“路由器 IP 地址”文本框中可以修改默认的管理地址。建议修改，以免黑客通过默认的 IP 地址攻击网络。

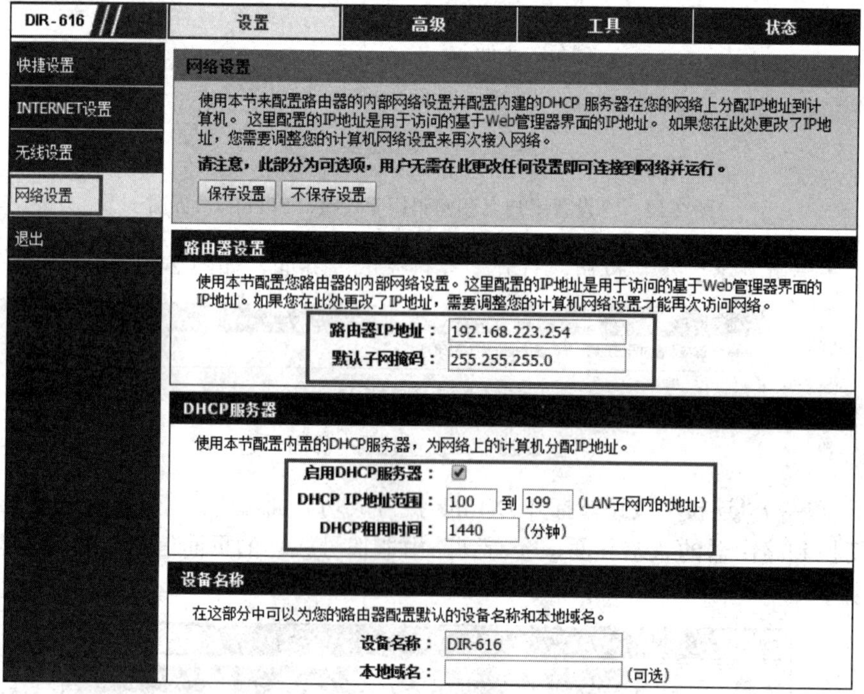

图 2-25　设置内网与启用 DHCP 服务器界面

在“DHCP 服务器”页面中，勾选“启用 DHCP 服务器”复选框，其他均采用默认设置即可，最后单击界面的“保存设置”按钮后关闭界面。其他计算机再次接入网络采用 DHCP 的方式，无须配置 IP 地址即可接入网络。

知识拓展

如果忘记修改后的路由器用户名及密码，可以通过以下方法恢复路由器的出厂设置。

在路由器的后面面板上找到一个标志为 Reset 的圆孔，即路由器恢复出厂设置的复位键。在路由器通电的状态下，用牙签或其他类似的东西，连续按 Reset 键 5s，路由器前排指示灯中的 SYS 指示灯就会由缓慢闪烁变为快速闪烁，松开 Reset 键，即可成功复位。复位成功后，用默认的路由器登录用户名与密码即可登录路由器。

部分路由器的 Reset 不是一个小圆孔，而是凸起的一个按键，但使路由器复位的操作方法是一致的。

项目总结

在此项目中，通过 3 个任务实现了公司局域网从无到有的全过程。通过本项目的学习，应掌握局域网的组成，对如何选用所需材料有更深刻的认识，能够独立组建局域网。

思考与练习

思考与练习答案

1）在此项目中，通过路由器的外网口拨号访问互联网，若不用路由器，请说明在计算机上直接创建拨号连接访问互联网的方法。

2）路由器得到的外网 IP 地址与计算机自动获取的 IP 地址有何差别？请说明 IP 地址的分类与外网 IP 地址、内网 IP 地址的区别和联系。

3）在网上查找、比较企业级路由器与家庭路由器的区别。

项 目 三
配置无线网络

项目情境

小杨做好了公司的互联网接入工作后，同事们对公司的网络办公条件非常满意，老板也对小杨大加赞赏。过了几天，为了方便移动办公，老板买了几台新的笔记本式计算机，需要将这几台计算机也接入网络，另外几个员工也提出了手机接入无线 Wi-Fi 的需求。于是，小杨收集了同事及上司的需求后进行了详细的工作分析。

项目分解

小杨把此工作分解为以下几个任务：

任务一　设置路由器的无线功能

任务二　无线接入客户端

任务一　设置路由器的无线功能

任务说明

无论是公司的笔记本式计算机，还是手机等设备，接入网络的前提条件是周围有无线 Wi-Fi 信号。小杨采购的路由器正好拥有无线发射功能，经过一番资料查找，小杨开始了本项目的第一个任务，配置路由器的无线功能。

操作流程

第 1 步：登录路由器。在浏览器中输入项目二中配置路由器的 IP 地址，即 192.168.223.254。进入路由器“登录”界面，如图 3-1 所示。输入用户名和修改后的密码，单击“登录”按钮，进入路由器配置界面，选择左侧的“无线设置”选项，如图 3-2 所示，单击“无线网络设置向导”按钮，进入无线网络设置界面。

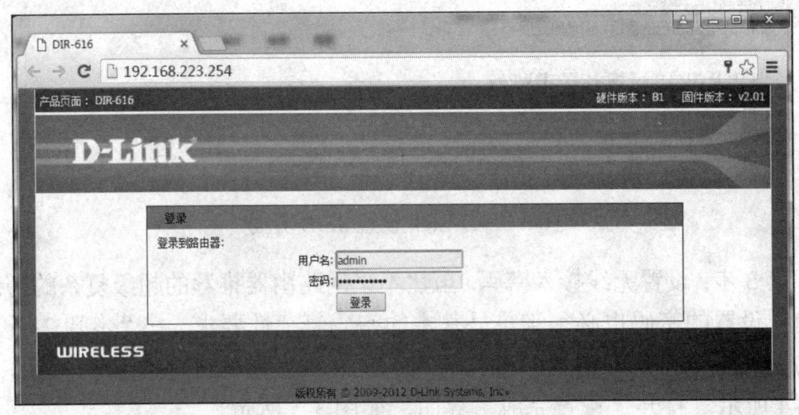

图 3-1　D-Link 登录界面

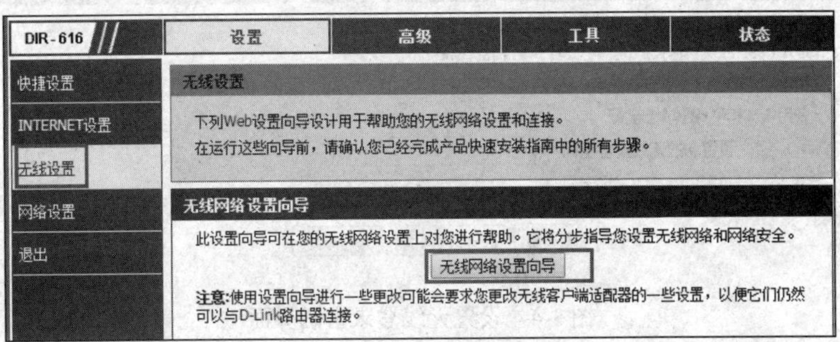

图 3-2　D-Link 无线设置向导界面

第 2 步：设置 SSID。在无线网络设置界面，单击“下一步”按钮，打开“步骤 1：欢迎来到 D-LINK 无线安全设置向导”界面，可以看到信道、模式、安全选项、SSID 等设置选项，一般 SSID 就是一个名称，可以随意填写，设置好后无线客户可以查看此 SSID。

为了防止非授权用户接入路由器，以及设置便于记忆和配置的接入密码，需要点选“手动分配网络密钥”单选按钮，单击“下一步”按钮，如图 3-3 所示。如果点选“自动分配网络密钥（推荐）”单选按钮，路由器会分配一个类似“c74ca6e539ea2b32a9f47b88abcbe91dc73c978710afec4de599d09de2d7c6fd”这样的超级复杂的密码，以保证无线网络的接入安全，但不便于配置和记忆。

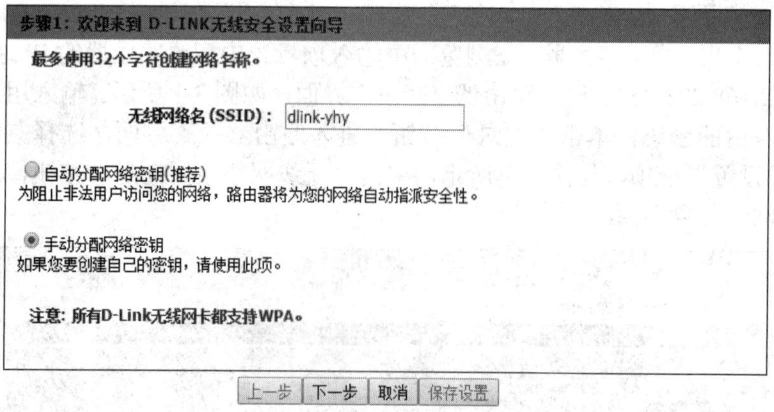

图 3-3　D-Link 设置 SSID 界面

第 3 步：设置无线接入密码。虽然不采用路由器推荐的超级复杂的密码，但用户设置的密码也必须满足最基本的密码复杂性要求。在“步骤 2：设置您的无线安全密码”界面，输入要设置的密码，单击“下一步”按钮，如图 3-4 所示。打开“设置完成”界面，如图 3-5 所示。

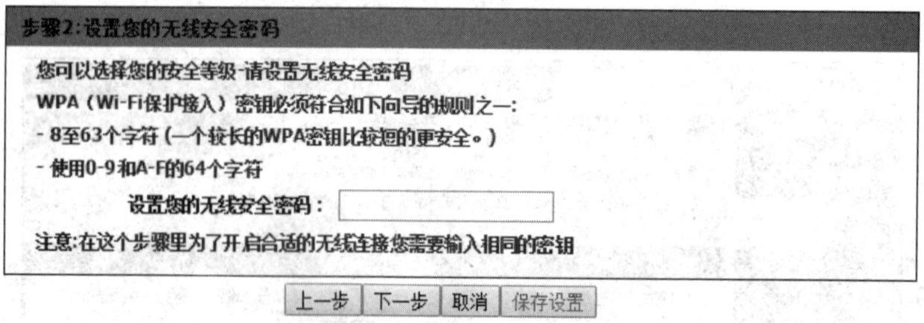

图 3-4　设置无线登录密码界面

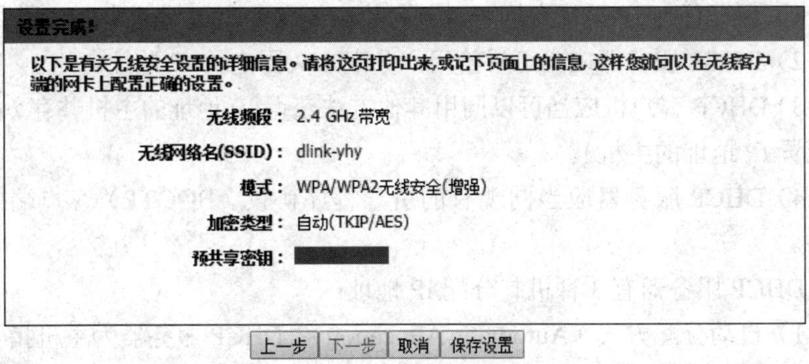

设置完成：

以下是有关无线安全设置的详细信息。请将这页打印出来，或记下页面上的信息，这样您就可以在无线客户端的网卡上配置正确的设置。

无线频段：2.4 GHz 带宽

无线网络名(SSID)：dlink-yhy

模式：WPA/WPA2无线安全(增强)

加密类型：自动(TKIP/AES)

预共享密钥：

上一步　下一步　取消　保存设置

图 3-5　“设置完成”界面

单击“保存设置”按钮，路由器会保存刚才的设置，选择“状态”选项卡，将显示无线设置最终状态界面，如图 3-6 所示。

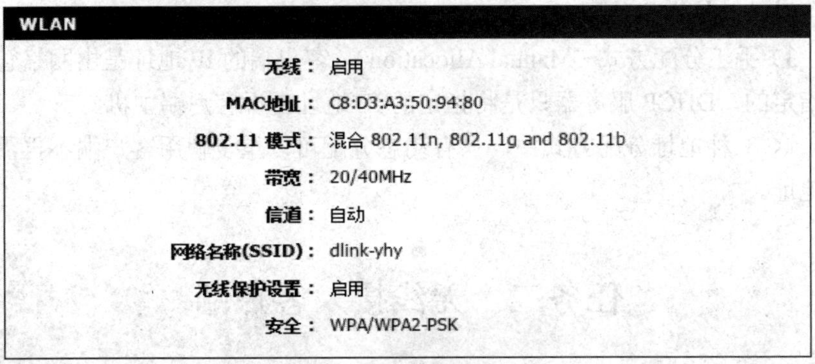

WLAN

无线：启用

MAC地址：C8:D3:A3:50:94:80

802.11 模式：混合 802.11n, 802.11g and 802.11b

带宽：20/40MHz

信道：自动

网络名称(SSID)：dlink-yhy

无线保护设置：启用

安全：WPA/WPA2-PSK

图 3-6　无线设置最终状态界面

此时路由器的无线功能即已配置好，等待用户的连接。

知识拓展

动态主机配置协议（Dynamic Host Configuration Protocol，DHCP）通常应用在大型的局域网络环境中，主要作用是集中的管理、分配 IP 地址，使网络环境中的主机动态地获得 IP 地址、网关（Gateway）地址、DNS 服务器地址等信息，并能够提升地址的使用率。

DHCP 采用客户端/服务器模型，主机地址的动态分配任务由网络主机驱动。当 DHCP 服务器接收到来自网络主机申请地址的信息时，才会向网络主机发送相关的地址配置等信息，以实现网络主机地址信息的动态配置。DHCP 具有以下功能：

1）保证任何 IP 地址在同一时刻只能由一台 DHCP 客户机所使用。

2）DHCP 服务器应当可以给用户分配永久固定的 IP 地址。

3）DHCP 客户机应当可以同用其他方法获得 IP 地址的主机共存（如手工配置 IP 地址的主机）。

4）DHCP 服务器应当向现有的引导程序协议（BOOTP）客户端提供服务。

DHCP 服务器有 3 种机制分配 IP 地址：

1）自动分配方式（Automatic Allocation），DHCP 服务器为主机指定一个永久性的 IP 地址，一旦 DHCP 客户端第一次成功从 DHCP 服务器端租用到 IP 地址后，就可以永久性地使用该地址。

2）动态分配方式（Dynamic Allocation），DHCP 服务器给主机指定一个具有时间限制的 IP 地址，时间到期或主机明确表示放弃该地址时，该地址可以被其他主机使用。

3）手工分配方式（Manual Allocation），客户端的 IP 地址是由网络管理员指定的，DHCP 服务器只是将指定的 IP 地址告诉客户端主机。

这 3 种地址分配方式中，只有动态分配可以重复使用客户端不再需要的地址。

任务二　无线接入客户端

任务说明

小杨的无线路由器已经设置好，只等客户端的连接。所以小杨开始了此项目的第二个任务的实施，配置笔记本式计算机及手机的联网设置。

操作流程

第 1 步：配置笔记本式计算机的无线连接。单击笔记本式计算机右下角的“无线信号”图标，在搜索结果中可以发现笔记本式计算机已经可以搜索到在本项目任务一中配置的无线 SSID 信号“dlink-yhy”，如图 3-7 所示。

选择“dlink-yhy”选项后，单击“连接”按钮，如图 3-8 所示，打开连接等待界面，如图 3-9 所示。

图 3-7　搜索到的无线信号界面

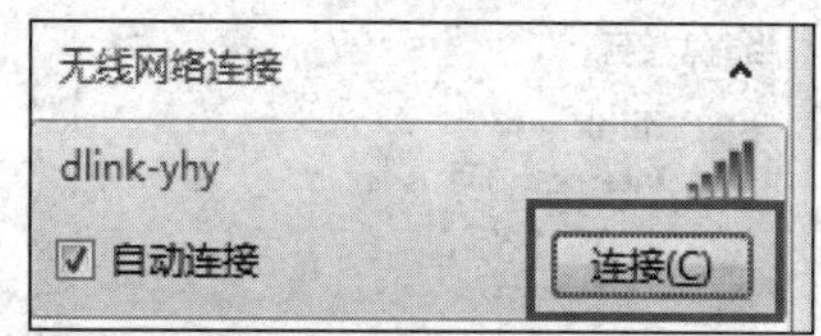

图 3-8　连接无线信号

图 3-9　连接等待界面

等待 30s 左右，打开“连接到网络”对话框的“键入网络安全密钥”界面，如图 3-10 所示。

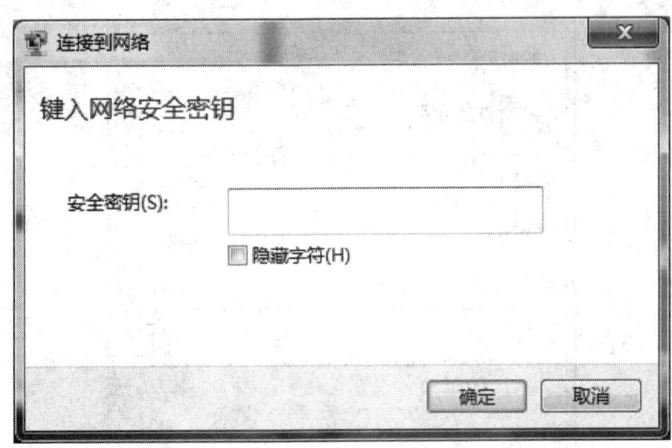

图 3-10　输入无线密码

在“安全密钥”文本框中输入设置的无线网络密码，单击“确定”按钮，笔记本式计算机即可连接到无线网络了。

再次单击右下角的“无线信号”图标，可以看到“dlink-yhy”无线 Wi-Fi 已经连接，如图 3-11 所示。

图 3-11　无线连接成功界面

第 2 步：配置手机的无线连接（以华为 P8 手机为例，其主界面如图 3-12 所示）。

图 3-12　华为 P8 手机的主界面

首先打开手机的设置界面，方法为按手机主界面的“设置”图标。

按“WLAN”图标，进入无线和网络模式，如图 3-13 所示。

按“WLAN”后面的滑块，开启手机的无线上网 WLAN 开关，在可用的 WLAN 列表中可以查看手机搜索到的可用 SSID 及信号强度，如图 3-14 所示。

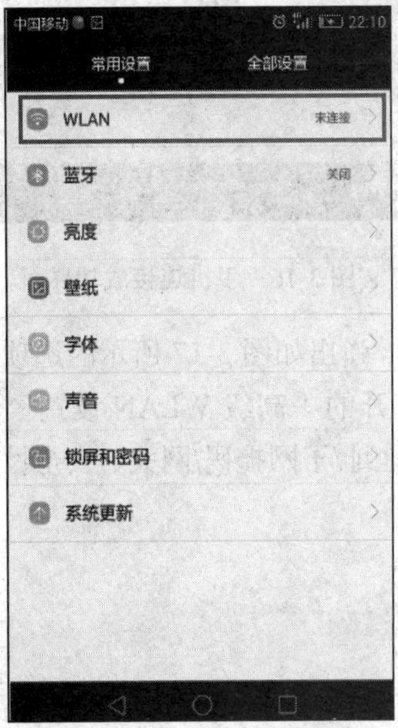

图 3-13　华为 P8 常用设置界面

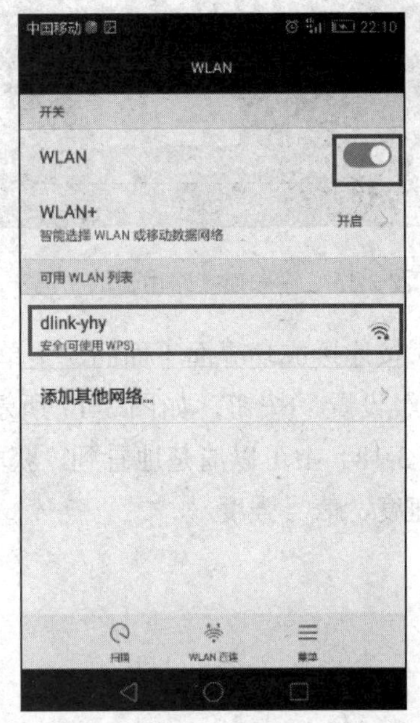

图 3-14　开启华为 P8 手机 WLAN 开关

按搜索到的可用 SSID，打开输入密码界面，输入连接路由器的密码，如图 3-15 所示。

注意：如果需要查看高级选项，点选“显示高级选项”单选按钮即可。

输入密码后，按“连接”按钮，等待几秒钟，手机即可连接到无线路由器，如图 3-16 所示。

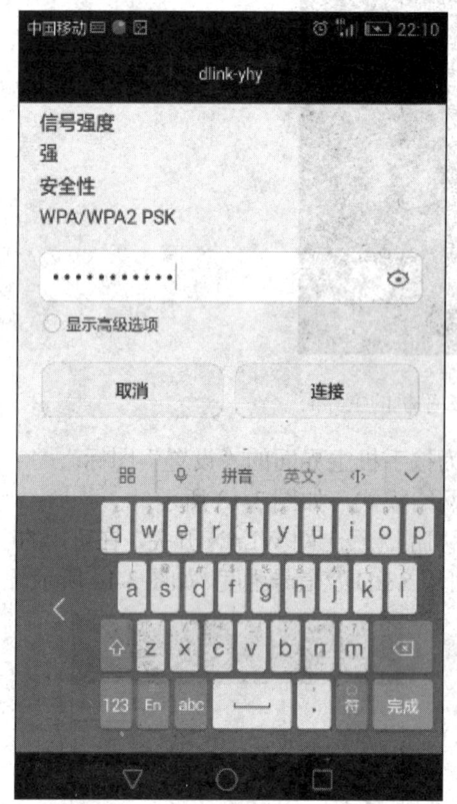

图 3-15　输入连接路由器的密码

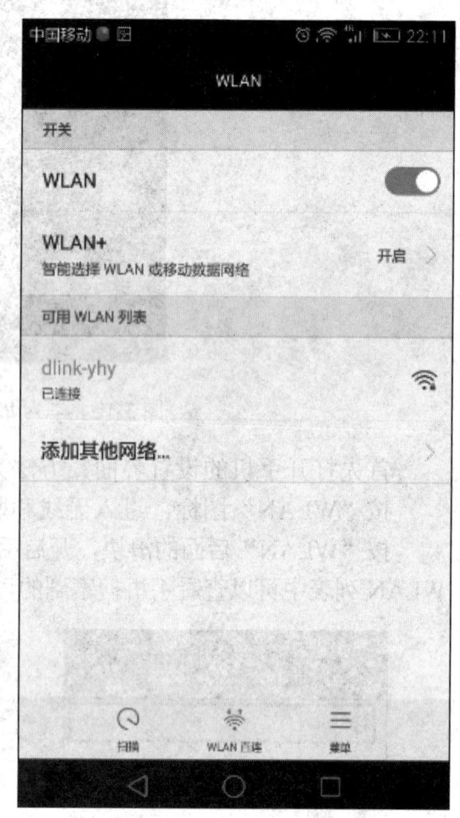

图 3-16　手机连接成功界面

按连接成功界面下面的“菜单”按钮，弹出如图 3-17 所示的选项，按“高级设置”按钮，如图 3-17 所示。在打开的“高级 WLAN 设置”界面（图 3-18）中可以清楚地看到，获取的 IP 地址/子网掩码/网关、安全性、传输速度、信号强度。

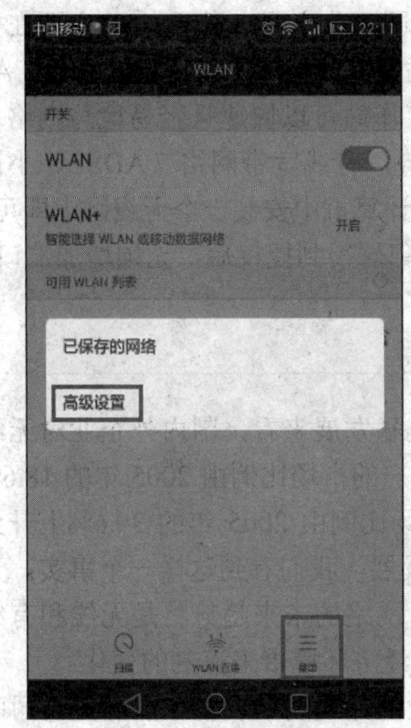

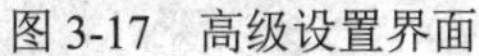

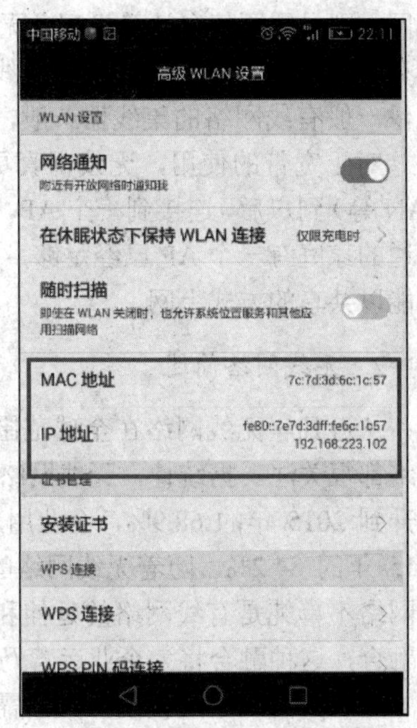

图 3-17　高级设置界面　　　　图 3-18　查看手机 IP 地址界面

以上是配置华为 P8 高端版手机无线连接的过程，其他手机可参照此过程进行设置。

知识拓展

1. Wi-Fi 与无线保真

Wi-Fi 是一种可以将个人计算机、手持移动设备（如 pad、手机）等终端以无线方式互相连接的技术。它的本质为高频无线电信号。无线保真是一个无线网络通信技术的品牌，由 Wi-Fi 联盟所持有，目的是改善基于 IEEE 802.11 标准的无线网路产品之间的互通性。

有人把使用 IEEE 802.11 系列协议的局域网称为无线保真，甚至有人把无线保真等同于无线网际网路（Wi-Fi 是 WLAN 的重要组成部分）。无线保真信号也是由有线网提供的，如家里的 ADSL、小区宽带等，只要接一个无线路由器，就可以把有线信号转换为无线保真信号。国外很多发达国家的城市里到处覆盖着由政府或大公司提供的无线保真信号供居民使用，我国也有许多地方实施“无线城市”工程，使这项技术得到推广。

一般架设无线网络的基本配备是无线网卡及一个无线访问接入点（AP），如此便能以无线的模式，配合既有的有线架构来分享网络资源，架设费用和复杂程度远远低于传统的有线网络。如果是只有几台计算机的对等网，则只需要每台计算机配备无线网卡即可分享网络资源。AP主要在媒体存取控制层（MAC）中扮演无线工作站及有线局域网络桥梁的角色。AP就像一般有线网络的集线器一般，无线工作站可以快速且轻易地与网络相连。对于宽带的使用，无线保真更显优势，有线宽带网络（ADSL、小区LAN等）到户后，连接到一个AP，然后在计算机中安装一个无线网卡即可。普通的家庭有一个AP已经足够，用户的邻居得到授权后，无须增加端口，也能以共享的方式上网。

2. 无线网络简述

从近几年无线网络在全球范围内的迅猛发展来看，国内外企业对无线网络都很关注。据统计，无线网络家庭用户的市场比例由2005年的18.6%上升到2015年的68.9%，企业用户的市场比例由2005年的39.6%上升到2015年的84.2%。随着无线网络的纵向发展，我们看到这样一个事实：无线网络不单纯是有线网络的延伸和补充，网络的未来趋势将是无线和有线的融合，这种融合将为企业运营乃至社会经济环境带来深刻的变化。

随着公司网络规模的扩大，需要专业的无线网络设备才能满足公司的无线及有线上网需求。

在今天的业务环境中，企业局域网在提供企业资源规划应用程序、公司内部网和电子邮件等关键资源的服务方面的重要性不断增加。同时，随着笔记本式计算机、移动电话和手持设备的广泛使用，公司员工的流动性也大为提高，而剩下的唯一制约就是线缆。

无线局域网解决方案解决了现代网络亟须解决的问题。无论何时何地，只要用户需要，便可提供简单、可靠的连接。其结果是实现对网络设备的不间断访问，进而增强通信和合作，改进决策制定过程，提高员工的工作效率。

项目总结

使用无线网络产品，只需为每个新用户配置一个无线网卡即可解决问题，免除布线的烦恼。利用多重无线访问节点可以在整个公司园区配置无线网络，使用户可随意走动。

接入Internet，只要添置一台无线网络路由器，就可以在不添加任何设备的情况下让有线网络和无线网络的使用者轻松上网。通过本项目的学习，应掌握配置路由器无线功能的方法，并学会为笔记本式计算机、手机等设备连接无线网络。

思考与练习

思考与练习答案

1）若通过笔记本式计算机直接拨号上网，如何建立一个基于笔记本式计算机的无线网络？

2）手机可以打开数据连接上网，也可以打开 WLAN 连接路由器上网，思考手机可以使笔记本式计算机上网吗？若可以，说明设置过程。

项目四

配置无盘工作站

项目情境

小刘已经为网店搭建好了小型局域网，员工们可以通过网络为网店客户服务了，今天小刘的网店出现了新的问题。

员工：老板，刚才不小心碰断了计算机的主机电源，结果计算机无法开机了，应该是系统坏了。我重新安装了 Windows 7 操作系统，开机后，发现 D 盘的文件全部丢了。即使找回文件，以后可能还会出现这样的问题，这该怎样解决呢？

老板：那好办，只要在局域网里添加一台服务器，组建无盘工作站，将所有文件都存在服务器上，客户机随意关机，也不影响服务器上的文件，这样就解决了！

“盘”指的是硬盘。无盘工作站的原理就是在网内有一个系统服务器，这台系统服务器上除了有它本身运行所需的操作系统外，还有一个工作站运行所需的操作系统。无盘工作站的机箱中没有硬盘，其他硬件（如主板、内存等）齐全，而且无盘工作站的网卡必须带有可引导芯片。在无盘工作站启动时网卡上的可引导芯片从系统服务器中取回所需数据供用户使用，即无盘工作站其实就是把硬盘和主机分离，无盘工作站只执行操作不执行存储。

项目分解

为解决上述问题，可以把项目分解为以下 3 个任务：

任务一　安装网维大师

任务二　配置服务器端网维大师

任务三　配置客户机

任务一　安装网维大师

任务说明

网维大师是由“顺网科技”公司独立研发完成的具有“还原穿透”技术、内容更新及管理自动化、游戏三层自动更新，以及防 ARP 功能的网吧管理系统，具有安装简单，容易操作的特点。

操作流程

第 1 步：器材准备。安装网维大师需要的器材有服务器一台（内存 8GB 以上，服务器操作系统为 Windows server 2003 及以上版本）和网维大师安装包。

第 2 步：双击网维大师安装包，打开“网维大师 V9.0.2.0-安装向导”窗口，单击“下一步”按钮，如图 4-1 所示。

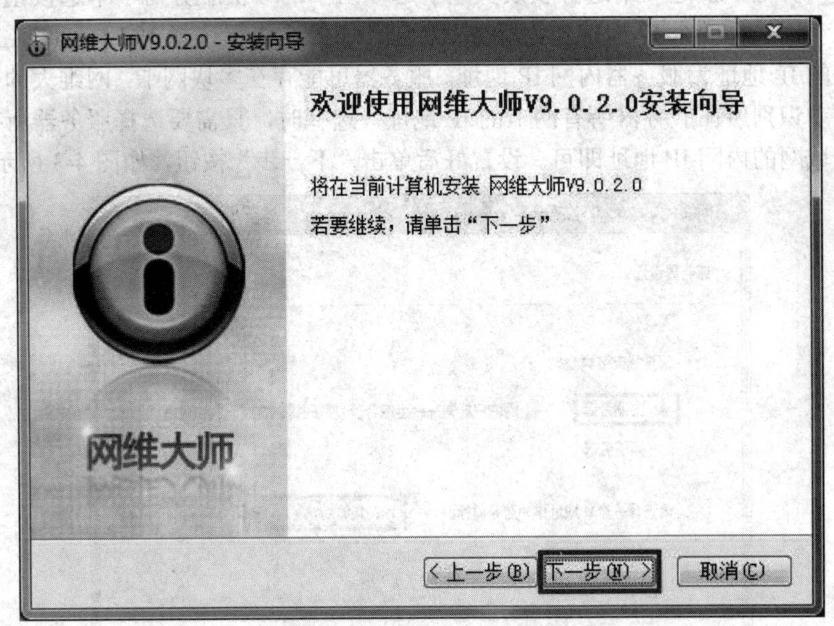

图 4-1　“网维大师 V9.0.2.0-安装向导”窗口

第 3 步：在打开的安装向导“阅读许可协议”界面，单击“我接受”按钮，如图 4-2 所示。

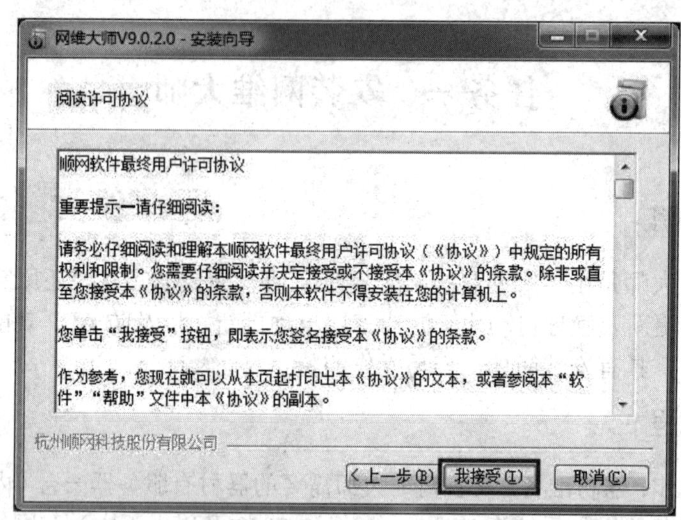

图 4-2　“阅读许可协议”界面

第 4 步：接受许可协议后，进入“服务器设置”界面。在“服务器设置”界面，点选“请选择安装类型”选项组中的“主服务器”单选按钮，在“请选择一个 IP 地址作为服务器标识”下拉列表框选择 192.168.1.7，此处的 IP 地址为服务器内网 IP 地址。服务器可能存在多块网卡，网维大师会自动识别所在服务器所有网卡的 IP 地址，选择时，只需要选择服务器所在局域网的内网 IP 地址即可。设置好后单击“下一步”按钮，如图 4-3 所示。

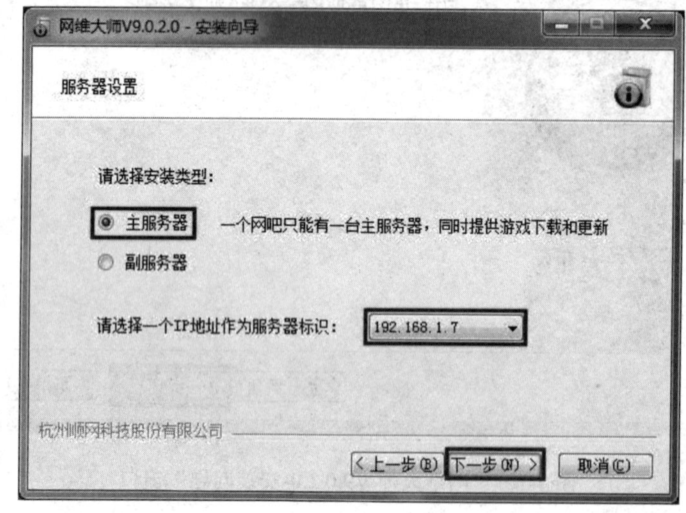

图 4-3　“服务器设置”界面

第 5 步：打开“选择网吧用户注册成功后生成的服务号和所设置的密

码”界面。在“网吧编号”和“登录密码”文本框中输入在网维大师官方网站注册时生成的服务号和密码，如图 4-4 所示。如果还没有注册，可以单击“立即注册”按钮，登录官方网站进行注册。

网维大师注册服务号分为免费版和收费版，免费版的可以还原，但不能使用三层更新、IP 和 MAC 地址绑定等功能。

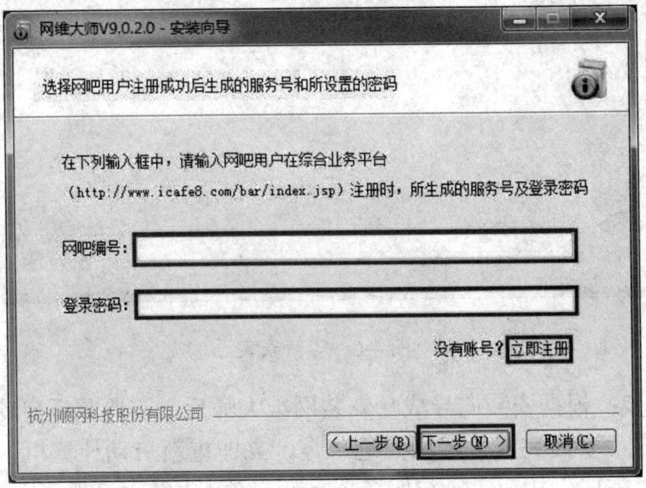

图 4-4 填写服务号和密码界面

第 6 步：填入服务号和密码后，单击“下一步”按钮，打开“选择安装位置”界面，建议使用默认安装路径。如果想修改安装路径，可以单击“浏览”按钮，设置好路径后单击“安装”按钮，如图 4-5 所示。等待网维大师的安装，如图 4-6 所示。

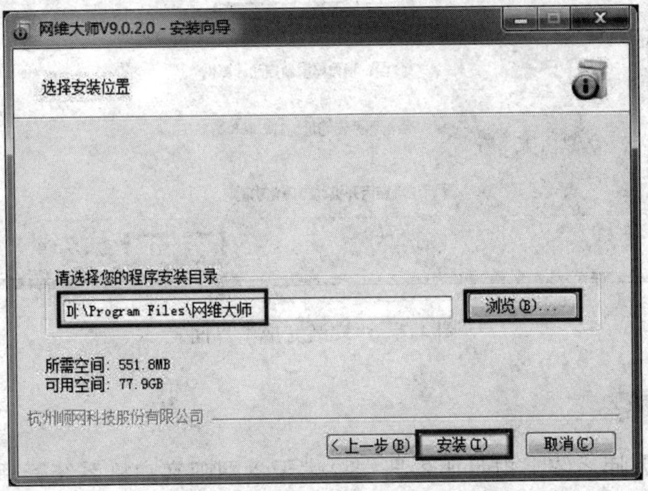

图 4-5 “选择安装位置”界面

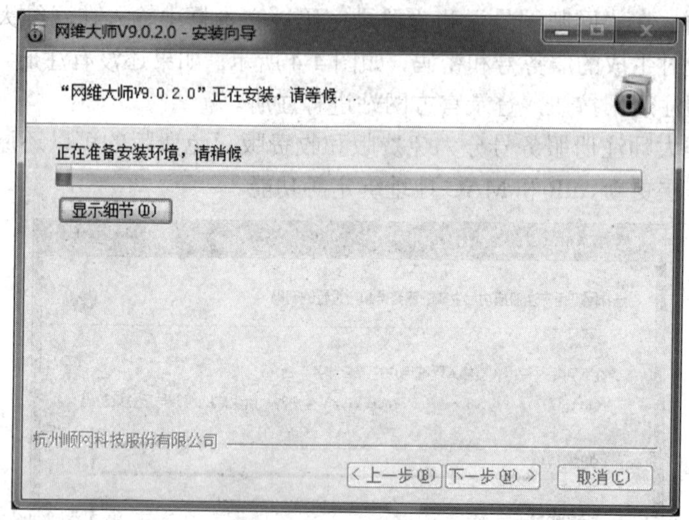

图 4-6　等待安装

第 7 步：根据安装向导成功安装网维大师后，需要重新启动服务器才能生效。在“安装完成”界面点选“是，立即重新启动计算机”单选按钮后，单击“完成”按钮，等待服务器重新启动，如图 4-7 所示。

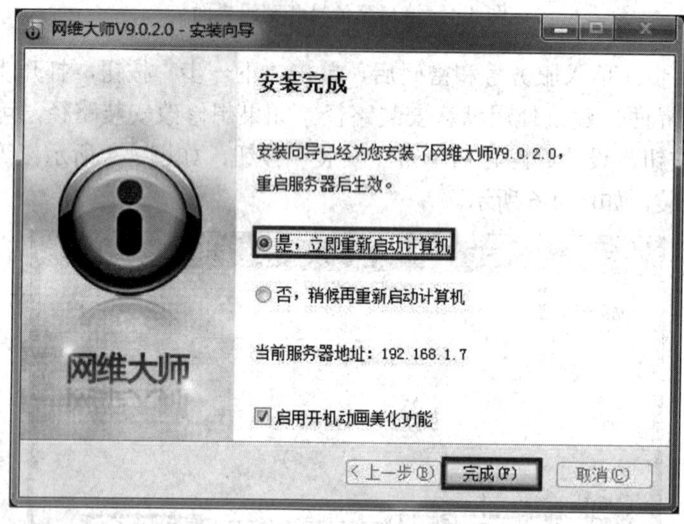

图 4-7　“安装完成”界面

知识拓展

网维大师系统虚拟盘服务器端提供无盘网吧客户机系统管理功能，即系统虚拟化。网维大师系统虚拟盘具有以下优点：

1）业界最简单的系统虚拟盘（无盘）解决方案，普通网络管理员即可轻松使用。

2）业界首款支持全中文且自动进行客户机登记的系统虚拟盘软件，极大程度地降低了维护人员的施工时长，百台客户机登记只需 10min。

3）业界首创的服务器端网卡即插即用（PnP）技术，维护人员不用再为网卡即插即用问题而烦恼。

4）业界首款支持服务器端性能及故障检测的无盘软件，轻松地让用户知道服务器的负载情况，迅速排查系统故障。

5）业界首款支持服务器端的软件，回写盘自动均衡负载，不再需要维护人员对客户机手工分配回写盘。

6）卓越的缓存管理技术，可以有效延长服务器回写盘的寿命。

7）支持超大内存管理，满足网吧业主对性能的苛刻要求。

8）极致的网络并发效能，可将服务器硬件性能发挥得淋漓尽致。

9）采用健壮的实体镜像格式，在保证实体镜像不易损坏的前提下，完美解决实体镜像创建速度慢的问题。

任务二　配置服务器端网维大师

任务说明

网维大师适用于规模不大，投资能力相对较小的无盘系统。如果担心一台服务器出现故障时，影响网店营业，可以配置 2 台相同的服务器，避免服务器单点故障对网店营业的影响。

操作流程

第 1 步：器材准备。需要准备的器材为一台服务器（内存 8GB 以上，操作系统为 Windows server 2003 及以上版本）。

第 2 步：在桌面双击“网维大师控制台”图标，弹出“网维大师控制台登录”对话框，使用默认服务器地址，即 127.0.0.1，使用默认管理密码，单击“确定”按钮，如图 4-8 所示。服务器地址也可以改为 192.168.1.7，因为 127.0.0.1 的含义为本机地址，相当于服务器地址 192.168.1.7。

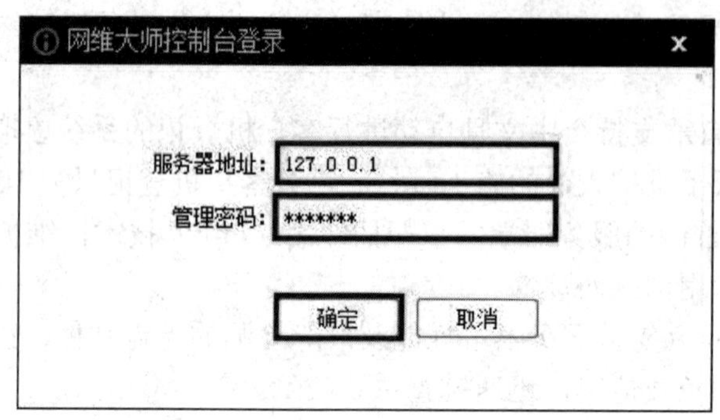

图 4-8 “网维大师控制台登录”对话框

第 3 步：登录到网维大师控制台后，会自动弹出“网维大师-配置向导”对话框。在该对话框中点选“开始使用配置向导”单选按钮后，单击“下一步”按钮，如图 4-9 所示。

如果单击“取消”按钮，或者点选“不使用，我在控制台中配置”单选按钮，关闭配置向导后可以在控制台主菜单中选择“帮助”→“配置向导”命令，重新打开配置向导。

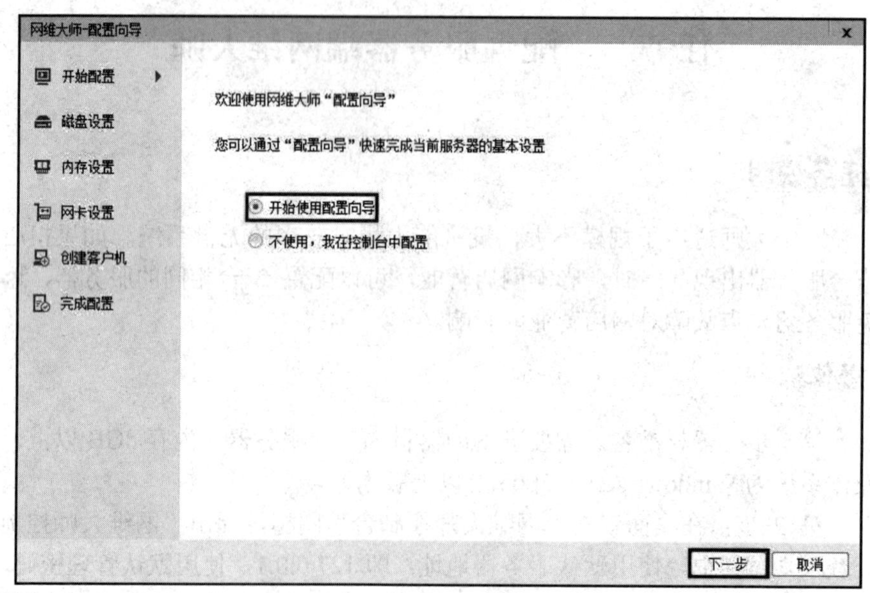

图 4-9 “网维大师-配置向导”对话框

第 4 步：配置向导进入“磁盘用途设置”界面。设置 D 盘为“镜像盘”，E 盘默认为“游戏盘”，F 盘设置成“回写盘”，如图 4-10 所示。

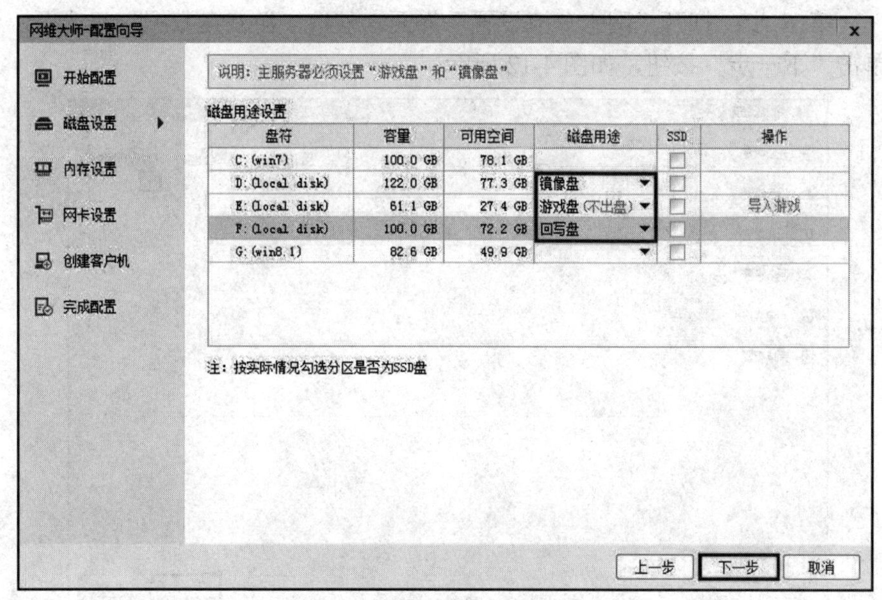

图 4-10　磁盘用途设置

第 5 步：完成磁盘用途设置后，单击“下一步”按钮，进入“缓存大小设置”界面，由于网店不涉及游戏内容，因此“游戏数据缓存”设置为 0GB，“镜像数据缓存”设置为 2GB。如果服务器内存足够大，“镜像数据缓存”可以适当提高，但要保证留有 2～4GB 的内存给服务器的操作系统使用。设置完成后，单击“下一步”按钮，如图 4-11 所示。

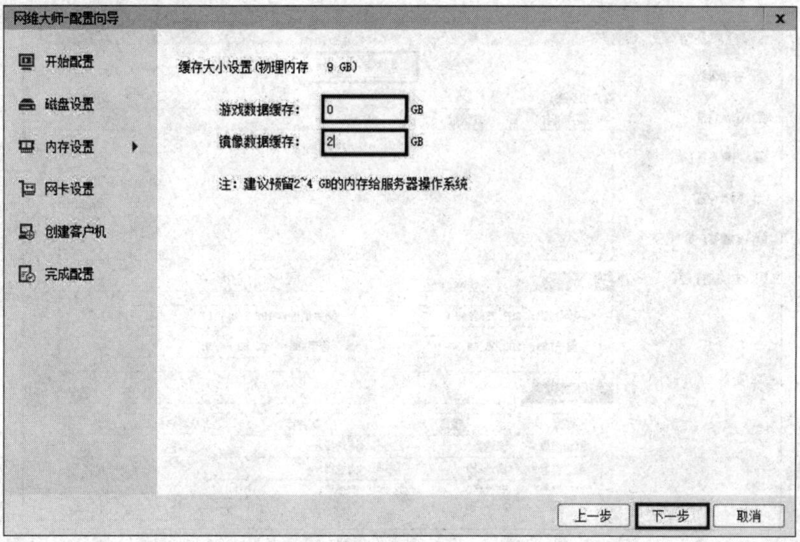

图 4-11　缓存大小设置

第 6 步：打开“网卡分流设置”界面，勾选“游戏盘数据”复选框，单击“下一步”按钮，如图 4-12 所示。

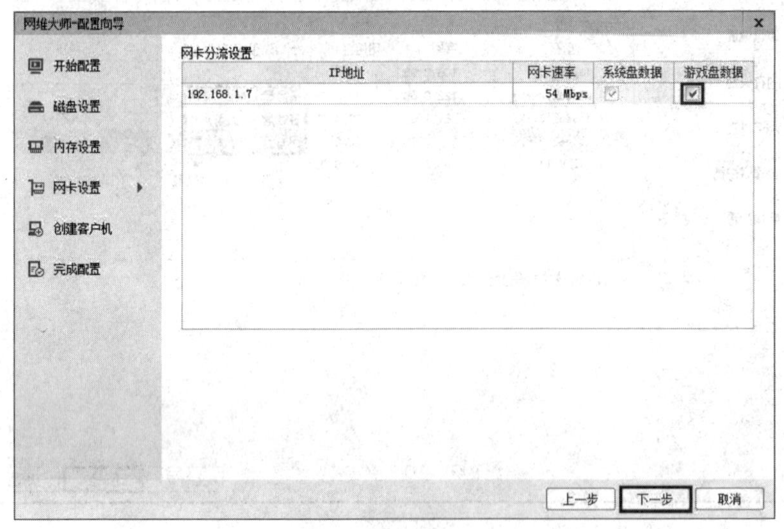

图 4-12　网卡分流设置

第 7 步：打开创建客户机界面，如图 4-13 所示，单击“生成客户机列表”按钮。在弹出的“生成客户机列表”对话框中设置“客户机数量”为 10 台，“起始地址”设置为 192.168.1.2，“起始名称”设置为 SWB-001，单击“生成客户机”按钮，如图 4-14 所示。客户机“起始地址”的设置不是唯一的，如此处“起始地址”为 192.168.1.8，起始名称可以随意命名。

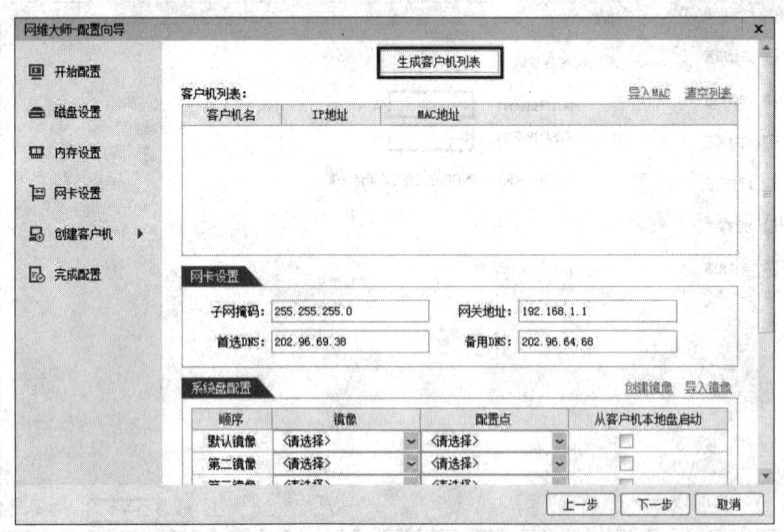

图 4-13　创建客户机界面

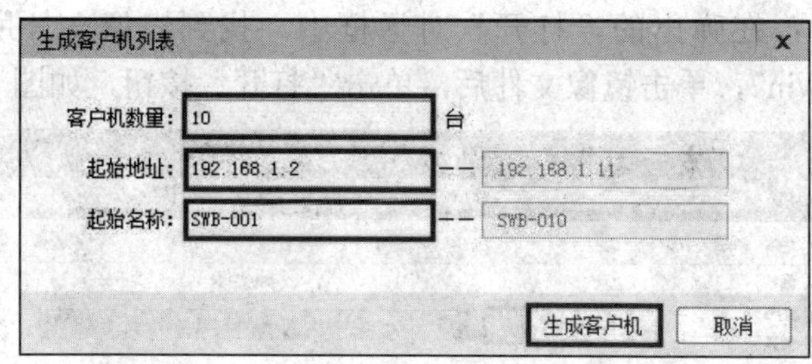

图 4-14　“生成客户机列表”对话框

第 8 步：将创建客户机界面的右侧滑动条拖动到最底端，单击“导入镜像”超链接，如图 4-15 所示。

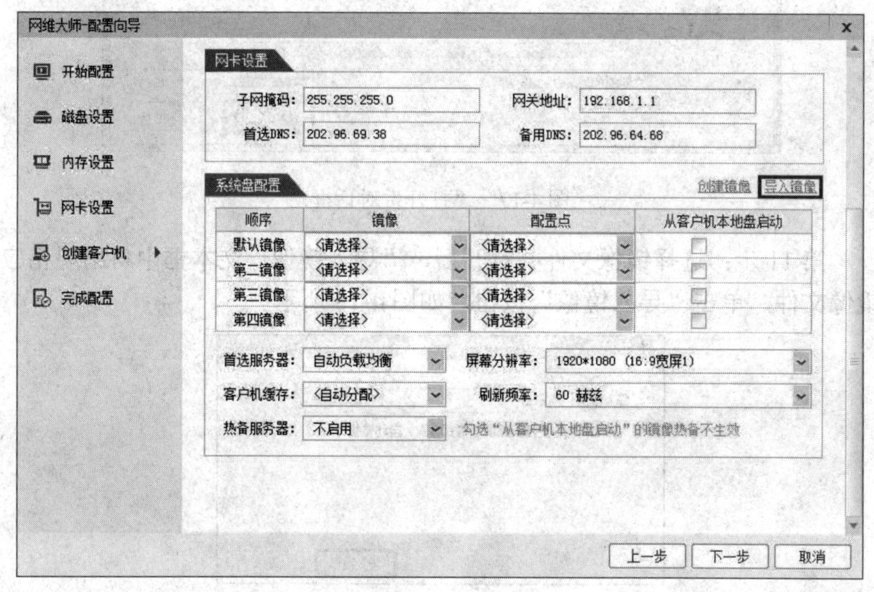

图 4-15　导入镜像

第 9 步：在弹出的“导入镜像”对话框中，单击“选择镜像”按钮，如图 4-16 所示。

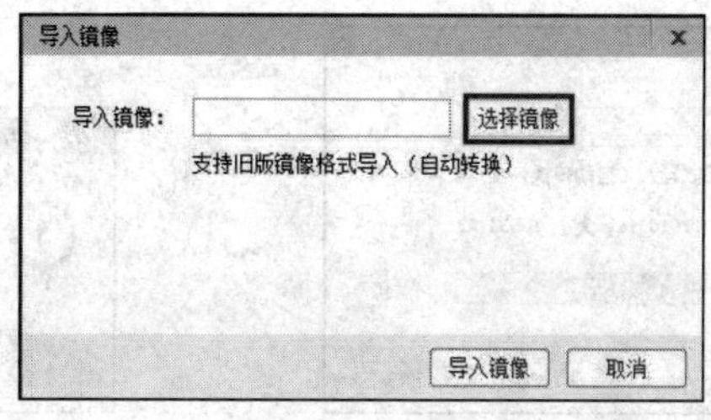

图 4-16　“导入镜像”对话框

第 10 步：在弹出的“打开”对话框中，找到镜像文件所在的目录 F:\ww\win7\win7，单击镜像文件后，单击“打开”按钮，如图 4-17 所示。

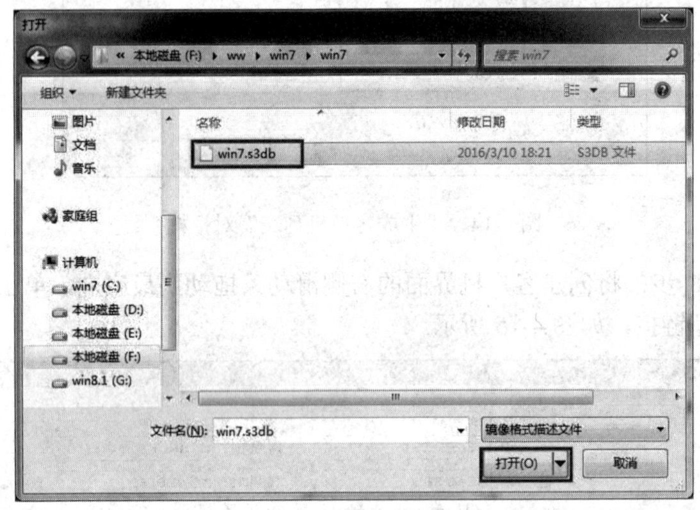

图 4-17　“打开”对话框

第 11 步：选择镜像文件并打开后，“导入镜像”文本框中将出现相应镜像文件，单击“导入镜像”按钮，如图 4-18 所示。

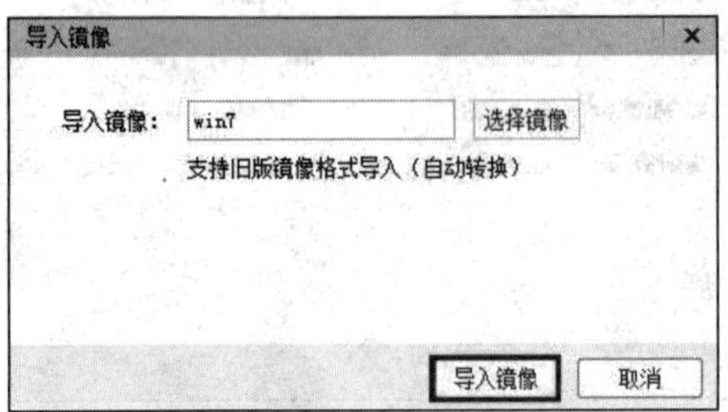

图 4-18　打开镜像包

第 12 步：等待镜像文件导入，这个过程时间比较长，如图 4-19 所示。导入成功后，在弹出的导入成功提示框中，单击“确定”按钮，如图 4-20 所示。

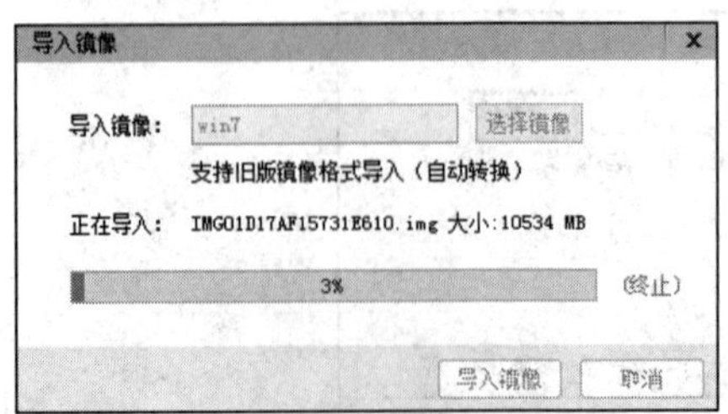

图 4-19　等待导入镜像

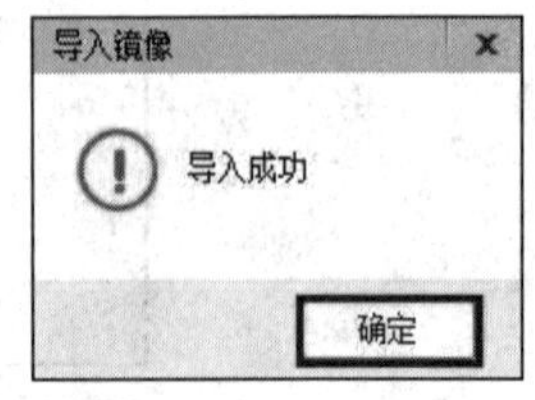

图 4-20　导入成功提示框

将“默认镜像”设置为新导入的镜像包 win7，单击“下一步”按钮，如图 4-21 所示。

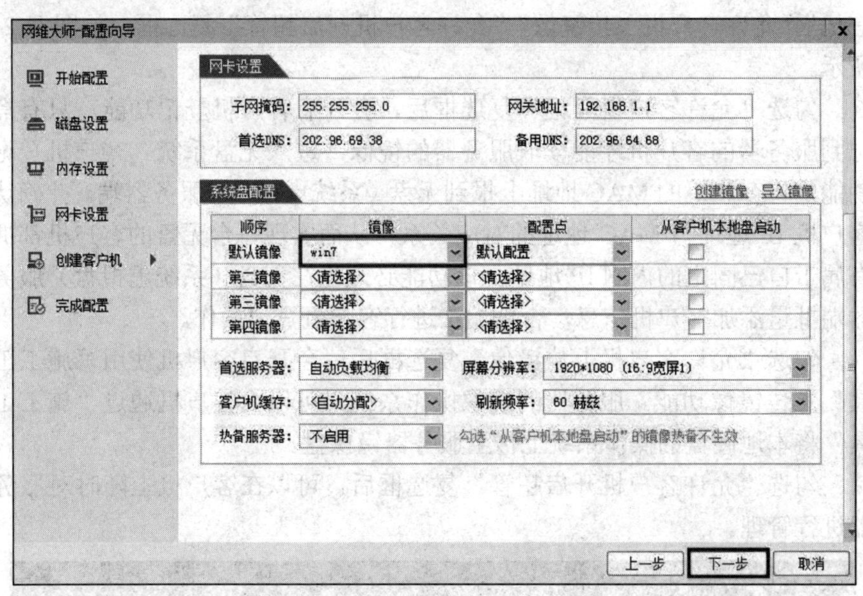

图 4-21　设置默认镜像

在打开的完成配置界面，单击“应用配置”按钮，完成配置向导，如图 4-22 所示。

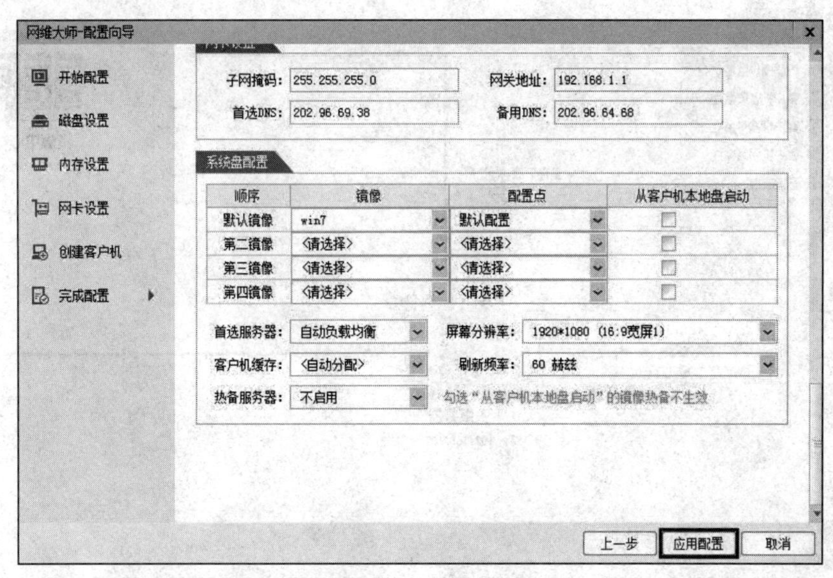

图 4-22　完成配置

第 13 步：在网维大师控制台主界面，单击“基本设置”按钮，如图 4-23 所示。在“基本设置”界面的“常规设置”选项组中，勾选“允许客户机登记”“允许客户机上传镜像”“允许客户机开启超管”复选框，如图 4-24 所示。

勾选“允许客户机登记”复选框后，会开启客户机登记功能。只有登记到服务器的客户机才能读取服务器的镜像，进入无盘系统。客户机登记功能是将客户机的 MAC 地址上报到无盘（系统虚拟盘）服务器端，并确认客户机 IP 地址与 MAC 地址的对应关系，从而实现每台无盘的客户机都拥有属于自己固定的内网 IP 地址。该功能必须先在无盘（系统虚拟盘）服务器端批量添加客户机信息，否则无法进行客户机登记操作。

勾选“允许客户机上传镜像”复选框后，会开启客户机使用“施工工具”上传镜像功能。服务器的镜像操作系统，可以由客户机通过“施工工具”将本地硬盘的操作系统上传至服务器镜像盘。

勾选“允许客户机开启超管”复选框后，可以在客户机上随时对服务器进行管理。

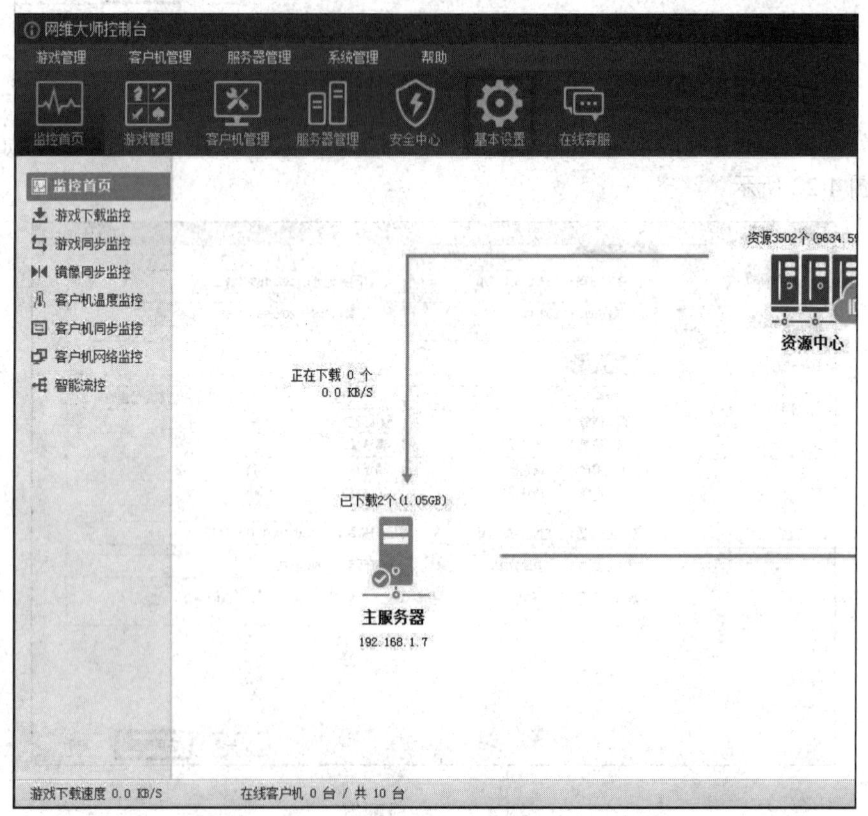

图 4-23　网维大师控制台

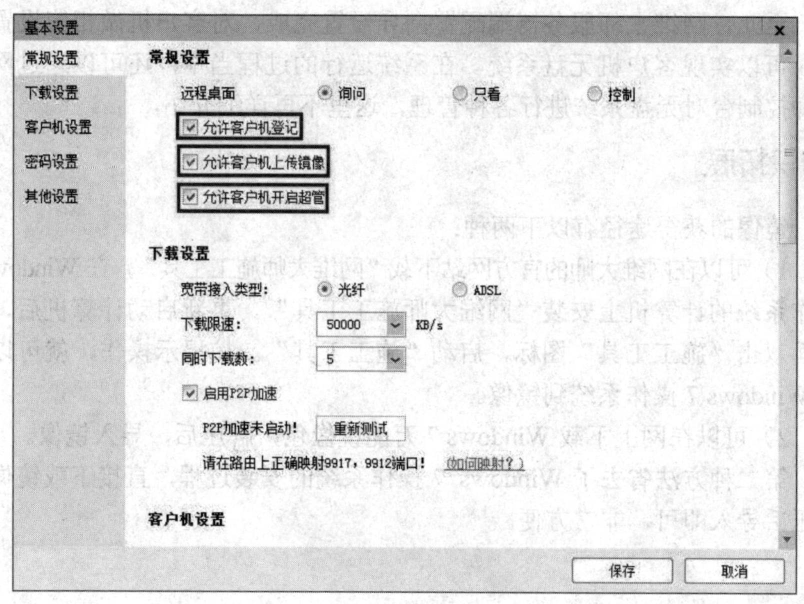

图 4-24　常规设置

第 14 步：在“基本设置”界面中，选择“密码设置”选项卡，重新设置管理密码。“施工工具”上传镜像文件时需要输入管理密码，重设之后方便“施工工具”输入；且重新设置管理密码，可以防止非管理员在客户机上随意更改服务器设置，如图 4-25 所示。

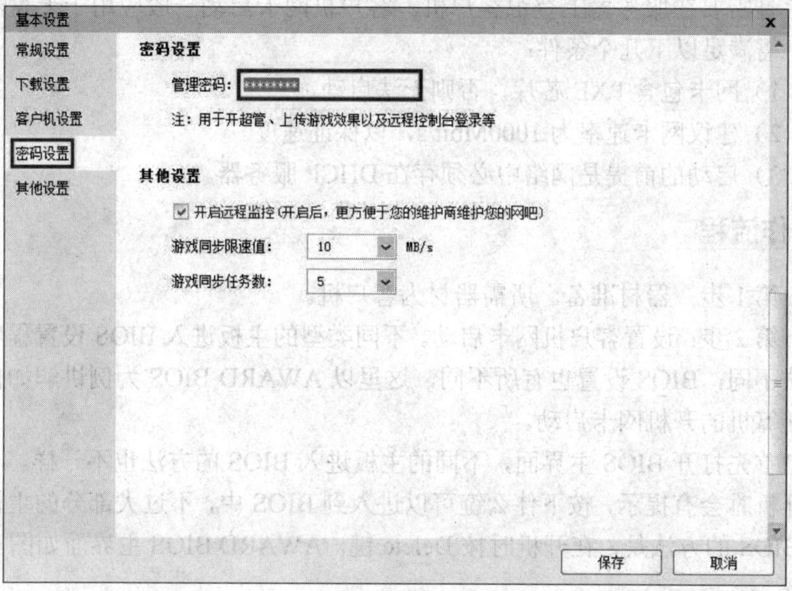

图 4-25　密码设置

至此，网维大师服务器端配置向导设置完成，对客户机做相应设置之后，可以实现客户机无盘系统。在系统运行的过程当中，还可以通过网维大师控制台对无盘系统进行各种管理，这里不再详细介绍。

知识拓展

镜像的获得途径有以下两种：

1）可以在网维大师的官方网站下载“网维大师施工工具”，在 Windows 7 操作系统的计算机上安装“网维大师施工工具”。重新启动计算机后，在桌面双击“施工工具”图标，启动“施工工具”。按提示操作，就可以上传 Windows 7 操作系统到镜像。

2）可以在网上下载 Windows 7 万能镜像包，解压后，导入镜像。

第二种方法省去了 Windows 7 操作系统的安装过程，直接下载镜像包解压后导入即可，非常方便。

任务三　配置客户机

任务说明

实现客户机无盘启动服务器的镜像操作系统必须配置客户机的网卡启动，且需要在服务器上登记客户机。客户机网卡启动一般应用于无盘网络中，需满足以下几个条件：

1）网卡包含 PXE 芯片，否则无法启动。

2）建议网卡速率为 1000Mbit/s，以保证速度。

3）启动的前提是网络中必须存在 DHCP 服务器。

操作流程

第 1 步：器材准备。所需器材为客户机。

第 2 步：设置客户机网卡启动。不同类型的主板进入 BIOS 设置程序的方法不同，BIOS 设置也有所不同，这里以 AWARD BIOS 为例讲解如何设置计算机的开机网卡启动。

首先打开 BIOS 主界面，不同的主板进入 BIOS 的方法也不一样。一般在开机时会有提示，按下什么键可以进入到 BIOS 中，不过大部分的主板进入 BIOS 的方法是，在开机时按 Delete 键。AWARD BIOS 主界面如图 4-26 所示。

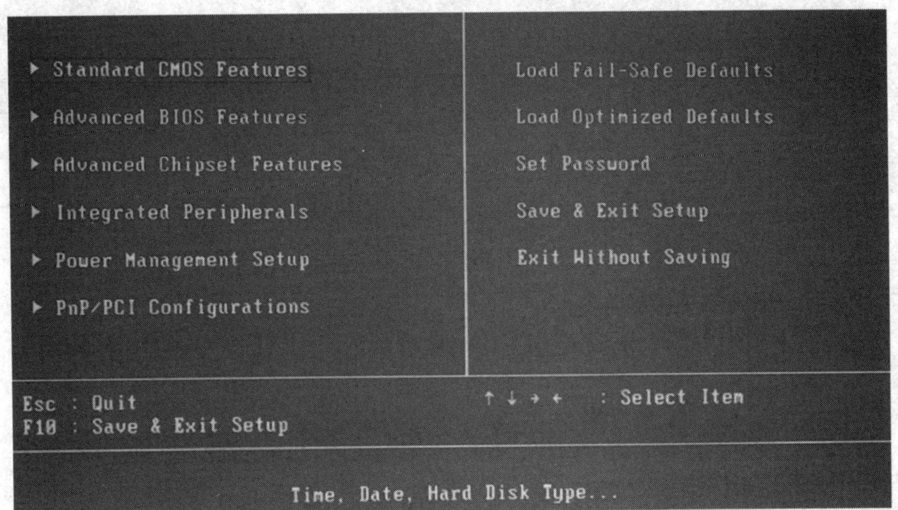

图 4-26　AWARD BIOS 主界面

使用上、下方向键，选择“Standard CMOS Features（标准 CMOS 功能设置)”选项，按 Enter 键进入“Standard CMOS Features”界面查看设置，确保时间正确，且 Halt On 的设置是 No Errors（检测到错误没有停机)，如图 4-27 所示。

Date (mm:dd:yy)　Jun 24 2012
Time (hh:mm:ss)　22 : 2 : 13
Item Help
IDE Channel 0 Master　[None]
IDE Channel 0 Slave　[None]
IDE Channel 1 Master　[None]
IDE Channel 1 Slave　[None]
IDE Channel 2 Master　[None]
IDE Channel 3 Master　[None]
Drive A　[1.44M, 3.5 in.]
Drive B　[None]
Video　[EGA/VGA]
Halt On　[No Errors]
Base Memory　640K
Extended Memory　243712K
Total Memory　244736K

图 4-27　标准 CMOS 功能设置

Halt On 设置完成后按 Esc 键退出，返回 AWARD BIOS 主界面。按方向键选择“Advanced BIOS Features（高级 BIOS 特征设置)”选项，如图 4-28 所示，按 Enter 键进入“Advanced BIOS Features 设置”界面。

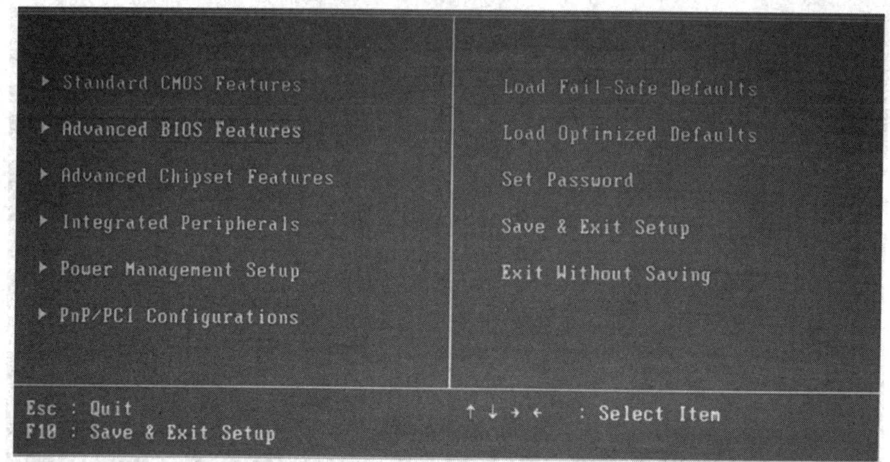

图 4-28　高级 BIOS 特征设置

按方向键，选择“First Boot Device（第一启动项）”选项，设置“First Boot Device”为从网卡（LAN）启动，如图 4-29 所示。

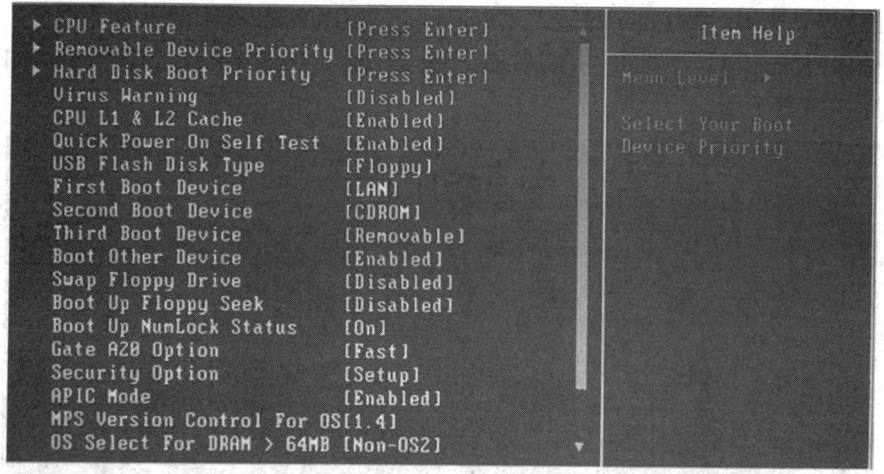

图 4-29　设置第一启动项

设置完成后按 Esc 键退出，返回 AWARD BIOS 主界面。按方向键选择“Integrated Peripherals（外部设备设定）”选项，如图 4-30 所示，按 Enter 键进入“Integrated Peripherals”界面，如图 4-31 所示。按方向键选择“Onboard Device（板载卡设置）”选项，按 Enter 键进入“Onboard Device”界面。

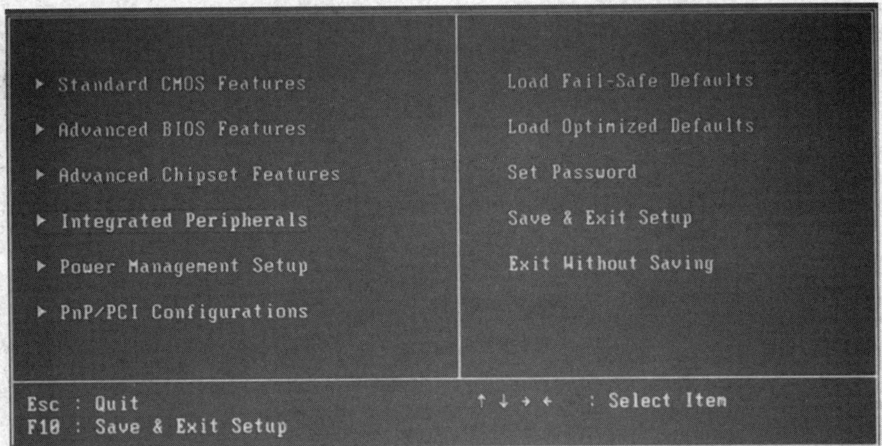

图 4-30 “外部设备设定”选项

图 4-31 “Inte grated Peripherals”界面

在“Onboard Device”界面按方向键选择“Onboard LAN PXE ROM”选项，设置“Onboard LAN PXE ROM”为 Enabled（允许加载网络镜像），如图 4-32 所示。

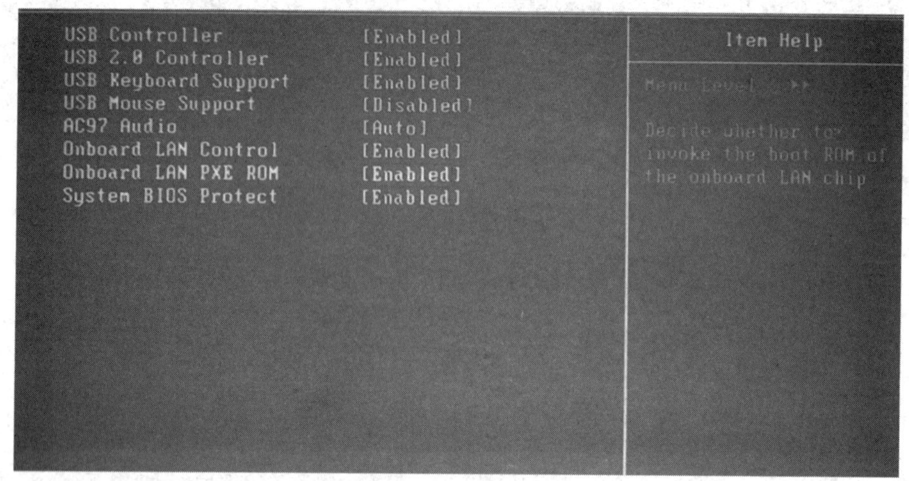

图 4-32 允许加载网络镜像

按 F10 键保存，在弹出的确认提示框中，按 Y 键确认，如图 4-33 所示。按 Enter 键，机器自动重新启动，从网卡启动加载网络镜像。

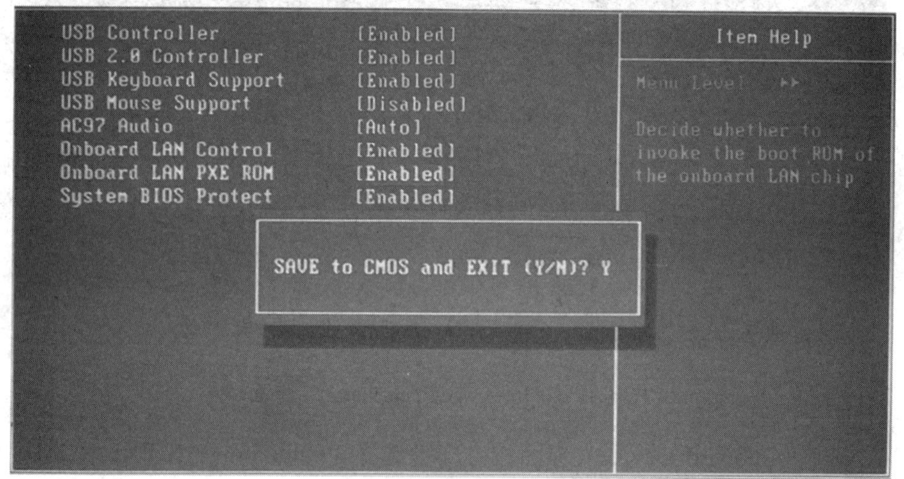

图 4-33 保存

第 3 步：登记客户机。客户机重新启动后，将会出现“登记客户机”界面，如图 4-34 所示。可以通过按上、下方向键来逐台选择客户机，也可以使用左、右方向键进行翻页。

F3快速登记　↵Enter确认　Esc取消　↑↓选择　←上页　→下页　Home首页　End尾页

登记客户机

SWB-001	192.168.1.2 ↵
SWB-002	192.168.1.3
SWB-003	192.168.1.4
SWB-004	192.168.1.5
SWB-005	192.168.1.6
SWB-006	192.168.1.7
SWB-007	192.168.1.8
SWB-008	192.168.1.9
SWB-009	192.168.1.10
SWB-010	192.168.1.11
...	

共10条数据　第1 /1页

本机MAC地址:00-0C-29-79-EE-85
请从上方列表中选择对应的计算机名称和IP地址登记本机(参考实际客户机编号)。

图 4-34　“登记客户机”界面

确定本机的机器号之后，按 Enter 键即可确认客户机信息，如图 4-35 所示。客户机下次重新开机后将不再出现登记客户机界面，直接通过无盘启动。

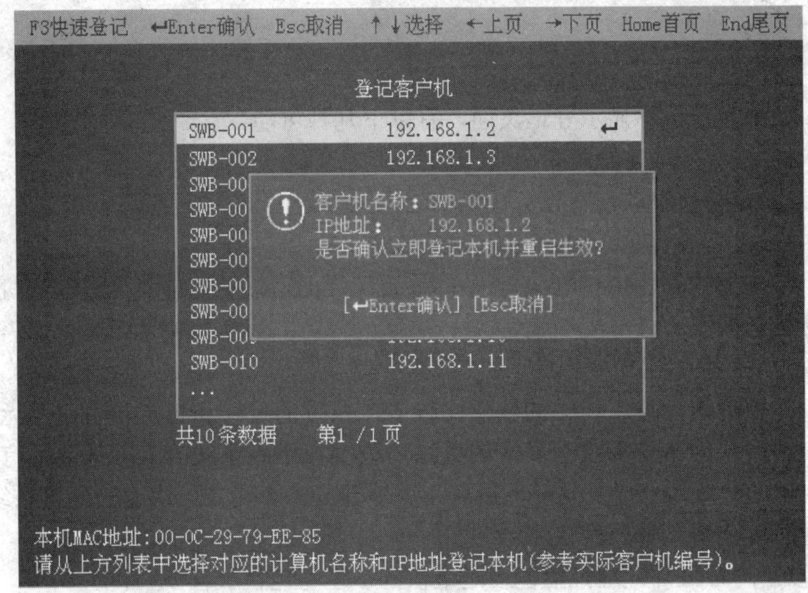

图 4-35　确认客户机

如果觉得使用方向键翻页操作比较复杂，也可以按 F3 键使用快速登记功能来登记客户机。使用快速登记功能只需要输入客户机计算机名，按 Enter 键，即会显示客户机的计算机名与对应的 IP 地址，再按 Enter 键即可确认信息，如图 4-36 所示。

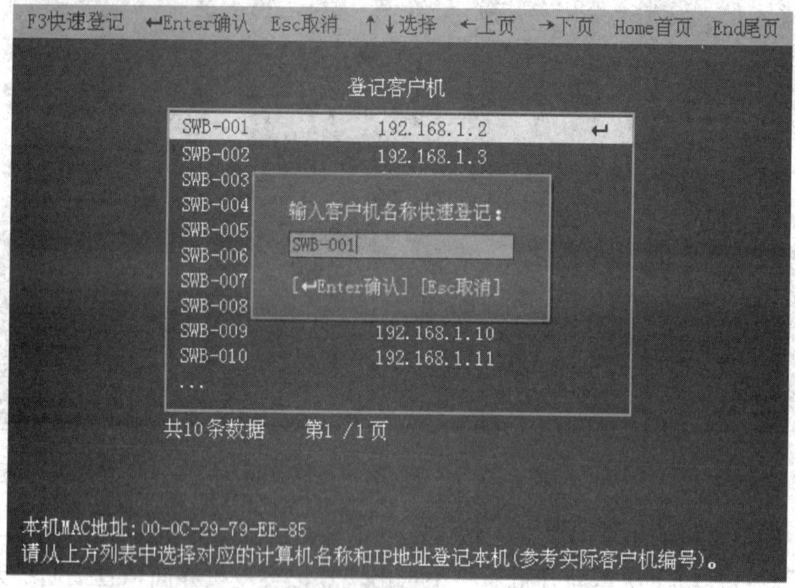

图 4-36 快速登记

知识拓展

如果客户机不显示登记页面，有以下几种可能：

1）没有生成客户机。

2）第一启动项没有设置成网卡启动。

3）没有设置允许加载网络镜像。

4）在网维大师控制台的“基本设置”界面，没有勾选“允许客户机登记”复选框。

5）没有关闭防火墙。

各种制作无盘工作站的软件比较多，系统的好坏和稳定与否，与无盘工作站的软件本身并没有多大的关系，关键在于做系统的人，只要他有足够的耐心和细心，以及足够的经验，就能建立一个稳定、快速的无盘系统。下面简单介绍几种无盘软件。

1）网维大师：虚拟盘速度是最快的，但稳定性欠佳。

2）锐起：性能比较稳定，速度仅次于网维大师，和其他软件的区别是可以直接更新到 IMG 包。

3）MZD：虚拟盘速度较快，比较稳定。

4）易游：安全稳定。

5）I8 无盘：简单易用，功能全面且人性化。

6）网众：最快、最安全的无盘系统，但是对技术员要求较高。近两年使用的人越来越少。

7）深度无盘：回写速度快，带机量高。

项目总结

本项目主要介绍了配置无盘工作站的方法。通过本项目的学习，应掌握网维大师的安装方法、客户端网维大师的配置方法，以及客户机的配置方法。对于配置无盘工作站有以下几点建议。

1）做无盘系统之前，应把服务器端做好，这样就可以直接做系统上传。

2）将做好的系统上传至服务器的 D 盘，因为网维大师的镜像没有放在独自硬盘上的需求。

3）不建议在服务器安装虚拟光驱类软件，否则可能导致服务器端不正常运行。如果服务器曾经安装过虚拟光驱或其他虚拟盘工具，建议卸载此类软件，或重新安装服务器系统。

4）不建议在服务器端安装杀毒软件，因为这些安全软件可能会阻止服务器端的正常通信或文件访问，但为了服务器系统的安全不受威胁，建议安装金山卫士。

5）不建议在服务器端使用第三方缓存工具，如 SuperCache 等软件，这可能导致服务器异常而出现一系列异常状况。

思考与练习

思考与练习答案

1）如何设置客户机分辨率？

2）如果没有设置网卡启动，客户机能否登记？

3）服务器是否一定要采用 Windows Server 版本的操作系统？

项目五
Web 服务器与 FTP 服务器

项目情境

当一个新公司刚刚组建的时候，为了更好地宣传公司，需要对外界进行信息发布，同时各部门之间也要及时交流内部信息资料，所以公司需要安装与配置 Web 服务器、FTP 服务器。那么如何来实现这些服务器的安装与配置呢？

项目分解

为了解决上述问题，可以把这个问题分解成以下两项任务：

任务一　安装与配置 Web 服务器

任务二　安装与配置 FTP 服务器

任务一　安装与配置 Web 服务器

任务说明

Web 服务器主要用来搭建网站，给公司提供信息服务。下面我们将利用微软自带 IIS 组件搭建 Web 服务器。

操作流程

第 1 步：器材准备。需要的器材有装有 Windows 7 操作系统的计算机。

第 2 步：在操作系统为 Windows 7 的计算机上安装 Internet 信息服务组件，建立 Web 服务器。选择“开始”→“控制面板”命令，打开“控制面板”窗口，单击“程序和功能”超链接，如图 5-1 所示。

图 5-1　“控制面板”窗口

第 3 步：在打开的“程序和功能”窗口中，单击“打开或关闭 Windows 功能”超链接，如图 5-2 所示，弹出“Windows 功能”对话框，如图 5-3 所示。找到并展开“Internet 信息服务”列表，勾选“FTP 服务器”“Web 管理工具”“万维网服务”列表下的复选框，单击“确定”按钮，开始更新下载服务，包括 IIS 的组件。

图 5-2　单击“打开或关闭 Windows 功能”超链接

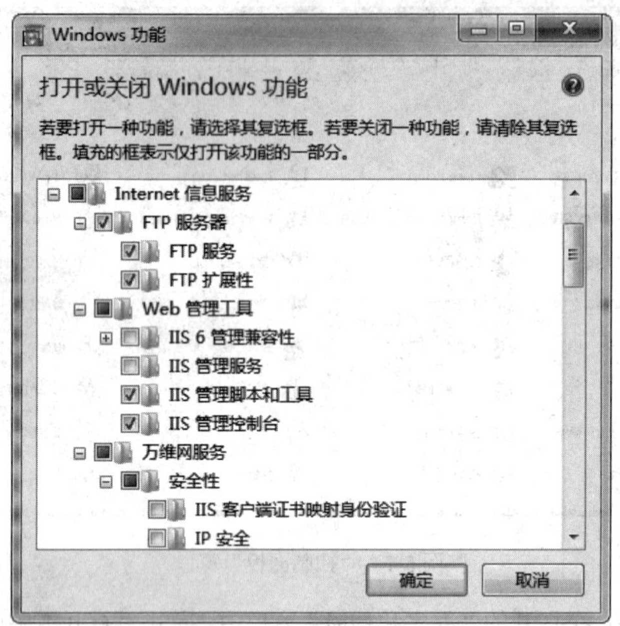

图 5-3　“Windows 功能”对话框

第 4 步：Web 服务器的测试。打开浏览器并输入 http://localhost/，按 Enter 键，如果此时出现 IIS7 欢迎界面，说明 Web 服务器已经搭建成功，如图 5-4 所示。

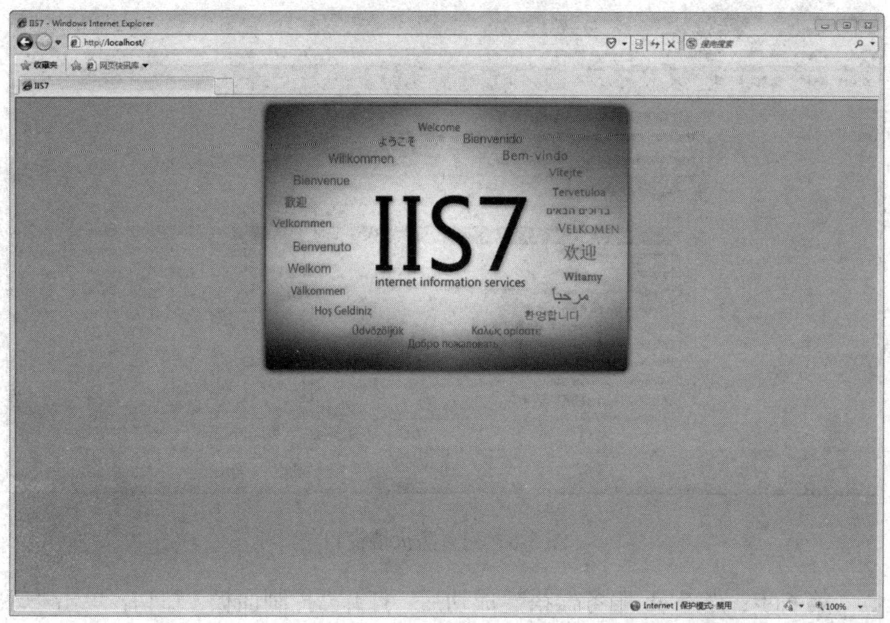

图 5-4　IIS7 欢迎界面

第 5 步：想要确保外网可以正常访问该 Web 服务器，需要将本机对 HTTP 服务的防火墙打开。单击“控制面板”窗口中的“Windows 防火墙”超链接，打开“Windows 防火墙”窗口，单击“允许程序或功能通过 Windows 防火墙”超链接，如图 5-5 所示。在打开的窗口中，勾选“Web 管理服务（HTTP）”复选框，单击“确定”按钮，如图 5-6 所示。

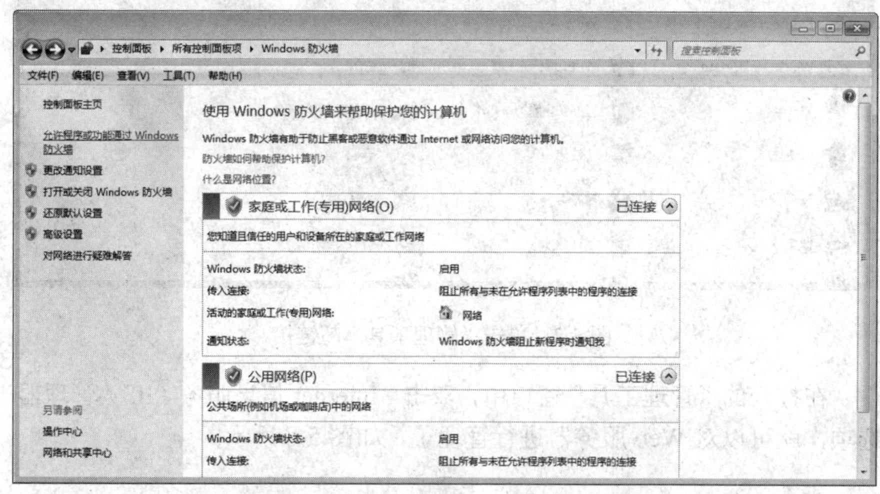

图 5-5　“Windows 防火墙”窗口

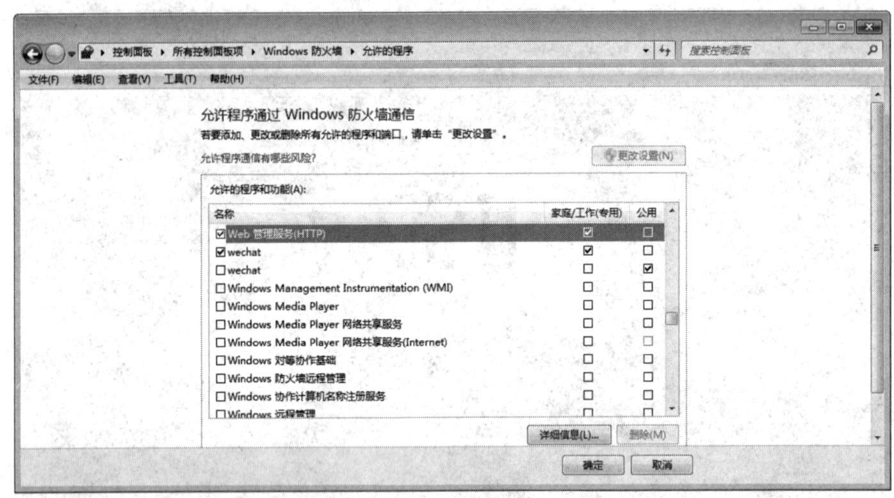

图 5-6　配置防火墙窗口

第 6 步：当 Web 服务器搭建成功后，打开“控制面板”窗口，单击“管理工具”超链接，如图 5-7 所示。

图 5-7　单击“管理工具”超链接

在打开的“管理工具”窗口中，双击“Internet 信息服务（IIS）管理器”选项，就可以对 Web 服务器进行管理了，如图 5-8 所示。

图 5-8　“管理工具”窗口

第 7 步：在打开的“Internet 信息服务（IIS）管理器”窗口中，右击“网站”选项，如图 5-9 所示，在弹出的快捷菜单中选择“添加网站”命令，弹出“添加网站”对话框，输入一个网站名称（如 HH××），如图 5-10 所示。此时会创建一个有相同名称的应用程序池，将其名称改为 Default AppPool，在物理路径中选择放置自己网站的文件夹，单击“连接为”按钮，在弹出的“连接为”对话框中点选“特定用户”单选按钮，单击“设置”按钮，在弹出的“设置凭据”对话框中设置凭据为本地计算机用户名和密码，如图 5-11 所示。单击“确定”按钮，返回“网站”窗口。

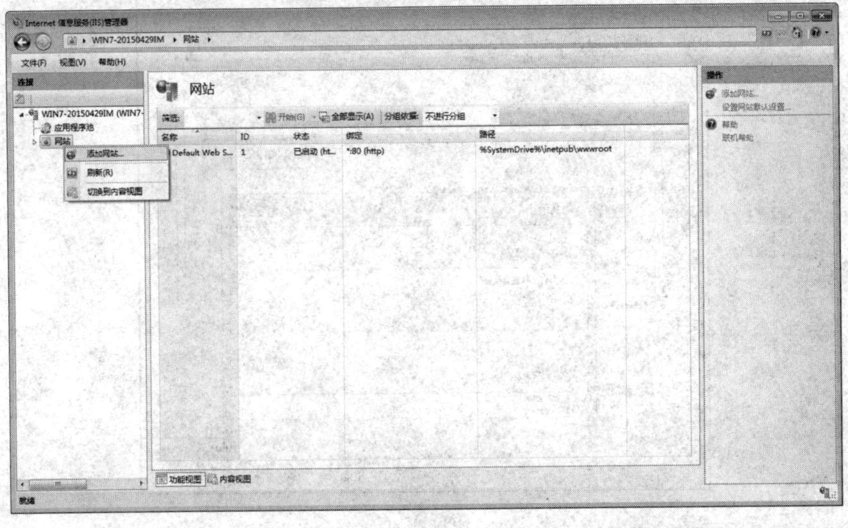

图 5-9　“Internet 信息服务（IIS）管理器”窗口

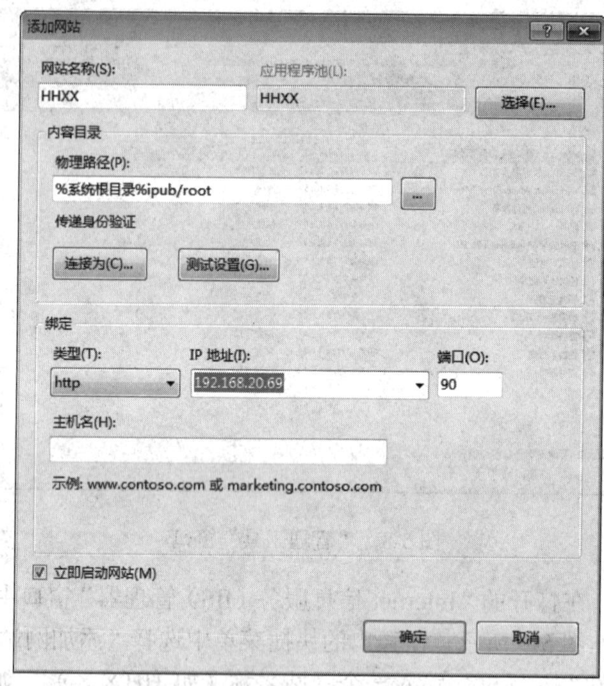

图 5-10 “添加网站”对话框

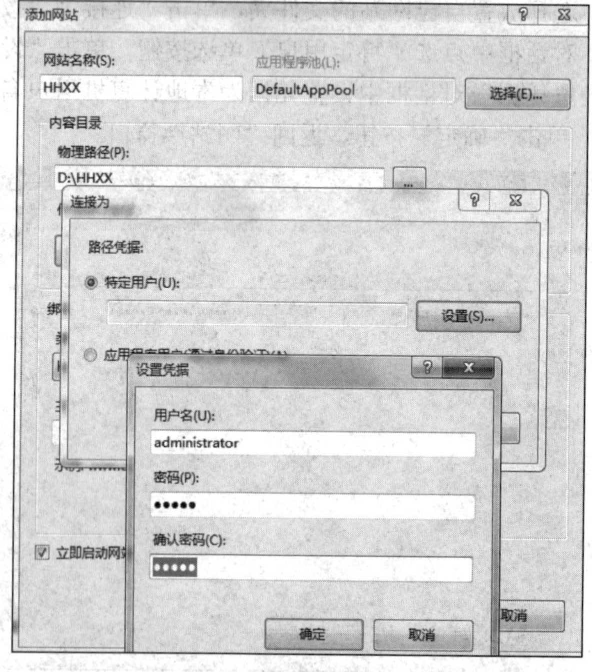

图 5-11 设置本地计算机用户名和密码

第 8 步：在“网站”窗口的“功能视图”模式下，双击“身份验证”图标，打开“身份验证”界面，双击“ASP.NET 模拟”选项，将“启用父路径”下拉列表框更改为 True，单击“应用”按钮，如图 5-12 所示。

身份验证

分组依据：不进行分组

名称	状态	响应类型
ASP.NET 模拟	已启用	
Forms 身份验证	已禁用	HTTP 302 登录/重定向
Windows 身份验证	已启用	HTTP 401 质询
基本身份验证	已启用	HTTP 401 质询
匿名身份验证	已启用	

图 5-12　“身份验证”界面

第 9 步：打开“HH××”窗口，单击“编辑权限”超链接，如图 5-13 所示，弹出“HH××属性”对话框，在“安全”选项卡中设置权限，如图 5-14 所示，选择“IIS_IUSRS（MS-2016039SESM\IIS-IUSRS）”选项，单击“确定”按钮。

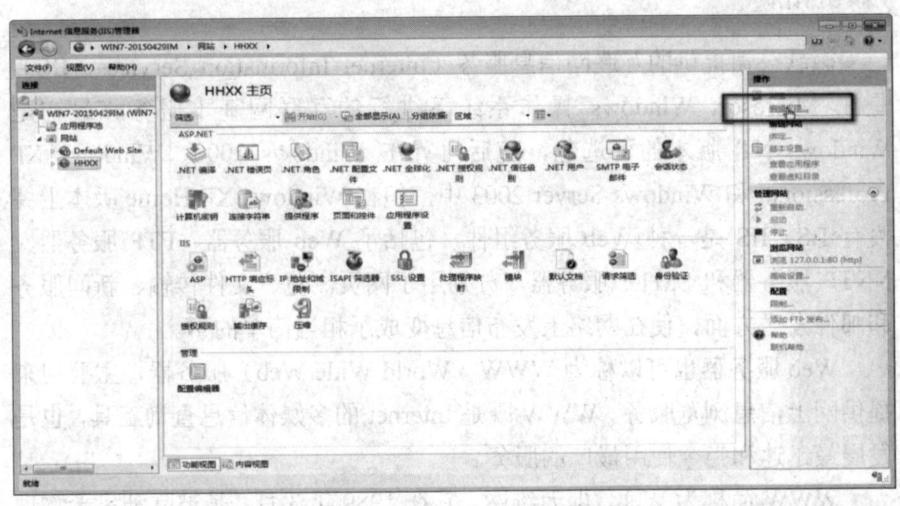

图 5-13　单击“编辑权限”超链接

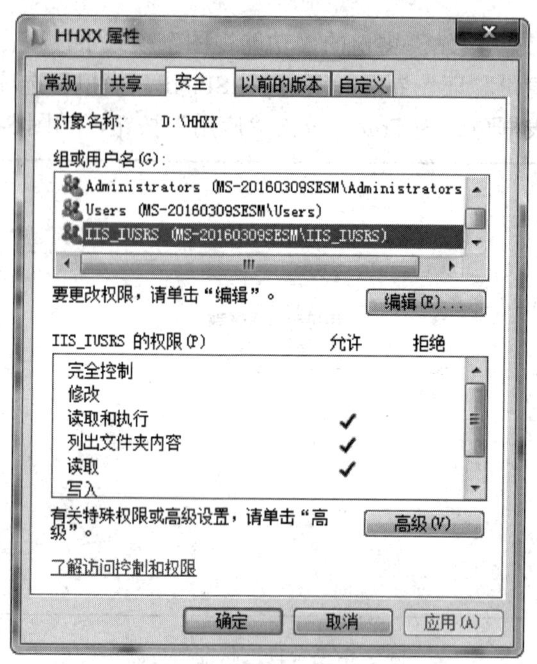

图 5-14 设置权限

第 10 步：成果验证。访问自己创建的 Web 服务器，检验服务器是否创建成功。

知识拓展

微软公司提供的互联网信息服务（Internet Information Services，IIS）是在 Microsoft Windows 操作系统下进行的互联网基本服务。最初是 Windows NT 版本的可选包，随后内置在 Windows 2000、Windows XP Professional 和 Windows Server 2003 中，但在 Windows XP Home 版本上并没有 IIS。IIS 是一种 Web 服务组件，包括了 Web 服务器、FTP 服务器、NNTP 服务器和 SMTP 服务器，分别用于网页浏览、文件传输、新闻服务和邮件发送方面，使在网络上发布信息变成了相当简单的事。

Web 服务器也可以称为 WWW（World Wide Web）服务器，主要用来提供网上信息浏览服务。WWW 既是 Internet 的多媒体信息查询工具，也是发展最迅速和当今使用最广的服务。

WWW 简称为 Web，即万维网。它在 1989 年 3 月，是被欧洲量子物理实验室 CERN（the European Laboratory for Particle Physics）研发出来的主从结构分布式超媒体系统。人们通过使用万维网能够很快地获得丰富的信息资源。由于用户在通过 Web 浏览器访问信息资源的过程中，无须关注某些技术性的细节，而且使用界面简单，所以 Web 在 Internet 上一经推出就受到了热烈的追捧，获得了突飞猛进的发展。

用户需要注意 Web 权限的问题，漏选权限或选错权限都会造成资源的损失。有时候，在同一台服务器上，不仅运行了 Web 服务器，而且有其他的如 FTP 服务器之类的网络服务运行。在同一台服务器上应用多种网络服务很可能造成服务之间的相互感染，即攻击者只要攻击一种服务，就可以利用相关的技术攻陷另一种应用。因为攻击者只需要攻破其中一种服务，就可以利用这个服务平台在企业内部攻击其他服务。

任务二　安装与配置 FTP 服务器

任务说明

为了在公司的网站中存取传输资料文件，需要建立 FTP 服务器，这样才能够在网站中上传和下载文件。之所以使用 FTP 方式在管理机和服务器之间互相传输文件，是因为 FTP 设置简单、操作方便，更容易实现。下面介绍搭建 FTP 服务器的步骤。

操作流程

第 1 步：器材准备。需要的器材有装有 Windows 7 操作系统的计算机。

第 2 步：右击“计算机”图标，在弹出的快捷菜单中选择“管理”命令，打开“计算机管理”窗口，在“本地用户和组”列表中右击“用户”选项，弹出“新用户”对话框，设置用户名及密码，如图 5-15 所示，单击“创建”按钮，可在用户列表中找到该用户名。这个用户是用来登录 FTP 服务器的。

第 3 步：在计算机 C 盘中新建文件夹“FTP 上传”和“FTP 下载”两个文件夹，同时为了区分这两个文件夹，可在文件夹中分别放置一些文件，以便区分，如图 5-16 所示。

第 4 步：打开“控制面板”窗口，单击“程序和功能”超链接，打开“程序和功能”窗口，单击“打开或关闭 Windows 功能”超链接，在弹出的“Windows 功能”对话框中找出并展开“Internet 信息服务”列表，勾选“FTP 服务器”列表下的“FTP 服务”和“FTP 扩展性”复选框，单击“确定”按钮。Windows 会开始更新功能资源列表。

图 5-15 “新用户”对话框

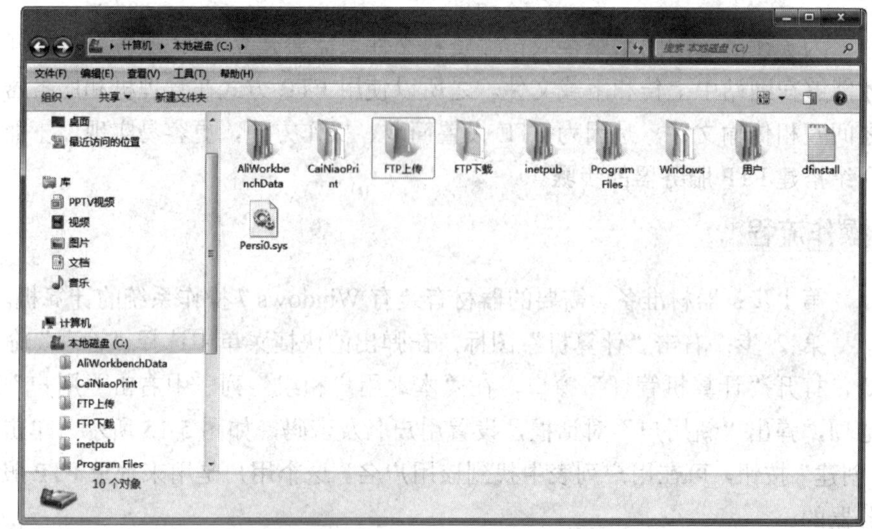

图 5-16 创建“FTP 上传”和“FTP 下载”文件夹

第 5 步：创建 FTP 上传站点。打开“Internet 信息服务管理器”窗口，在网站名称上右击，在弹出的快捷菜单中选择“添加 FTP 站点”命令，弹出“添加 FTP 站点”对话框，如图 5-17 所示，物理路径为 C:\FTP 上传，可根据自己的需要填写 FTP 站点名称，单击“下一步”按钮，打开“绑定和 SSL 设置”界面，如图 5-18 所示，地址为本机 IP 地址，端口默认为 21，单击“下一步”按钮，打开“身份验证和授权信息”界面，编辑权限，如图 5-19 所示，单击“完成”按钮即可。在“网站”窗口右侧单击“基本设置”超链接，如图 5-20 所示，弹出“编辑权限”对话框，单击“连接为”按钮，如图 5-21 所示，弹出“连接为”对话框，点选“特定用户”单选按钮，单击“设置”按钮，如图 5-22 所示，弹出“设置凭据”对话框，如图 5-23 所示，设置用户名和密码，单击“确定”按钮，完成设置。

图 5-17 “添加 FTP 站点”对话框

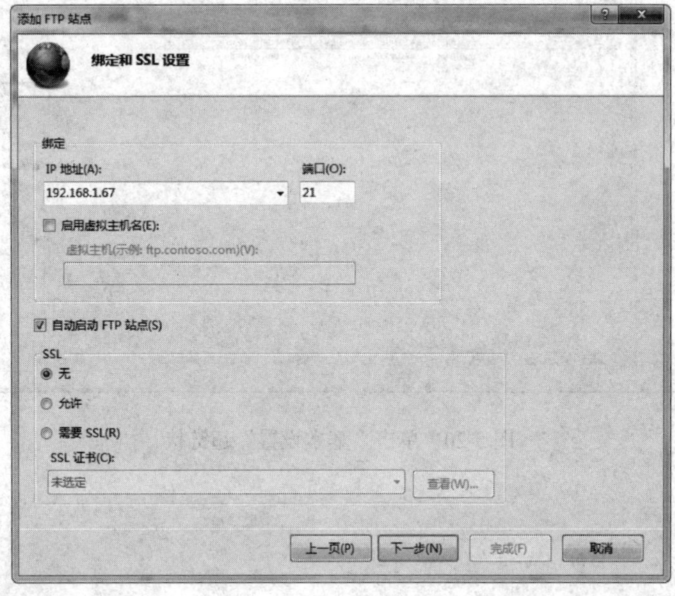

图 5-18 编辑 IP 地址及端口

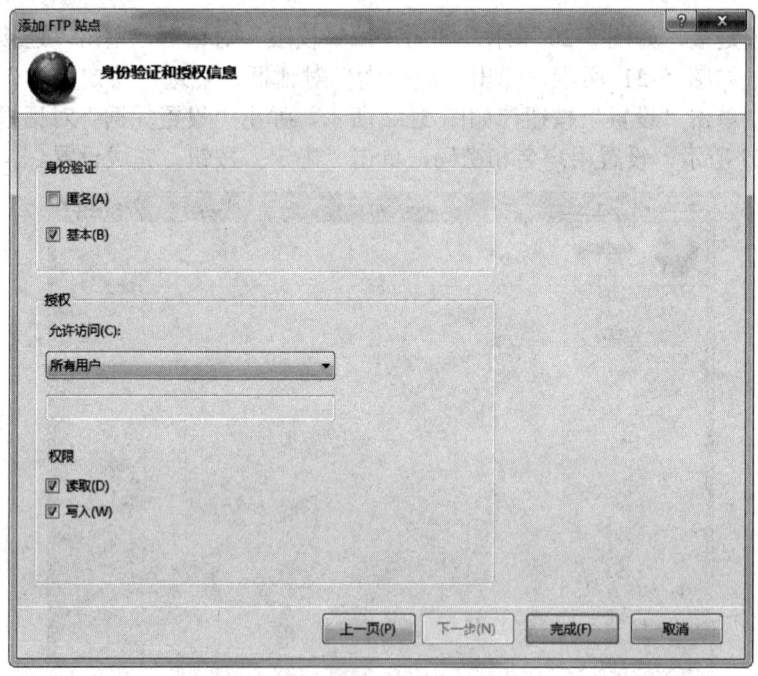

图 5-19 设置身份验证及权限

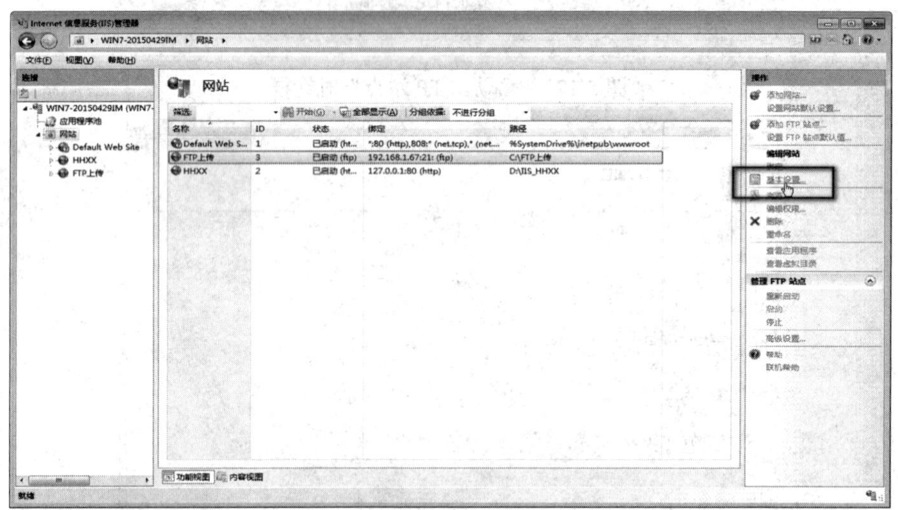

图 5-20 单击“基本设置”超链接

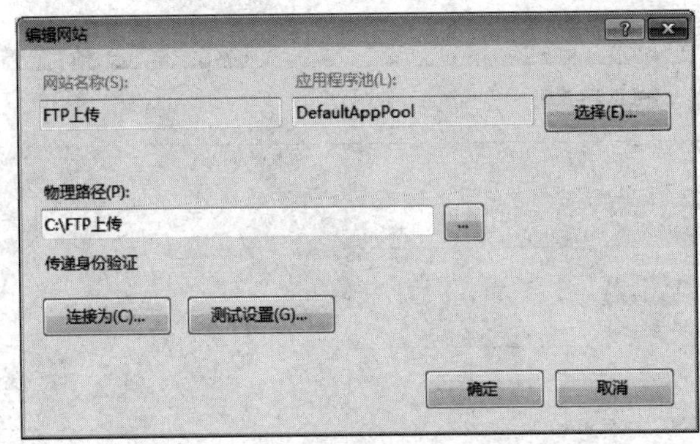

图 5-21 “编辑网站”对话框

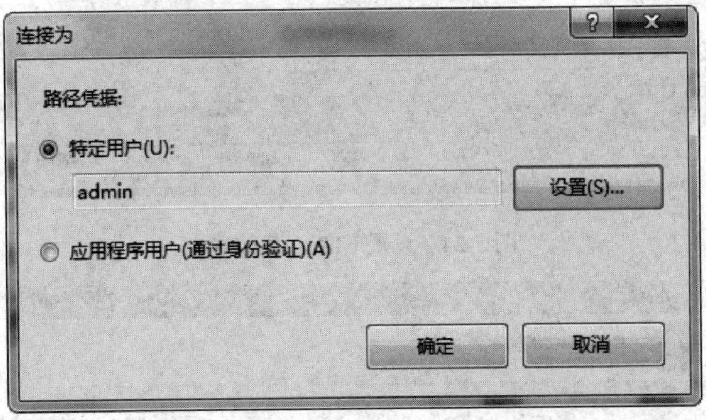

图 5-22 设置“特定用户”为新建用户账号

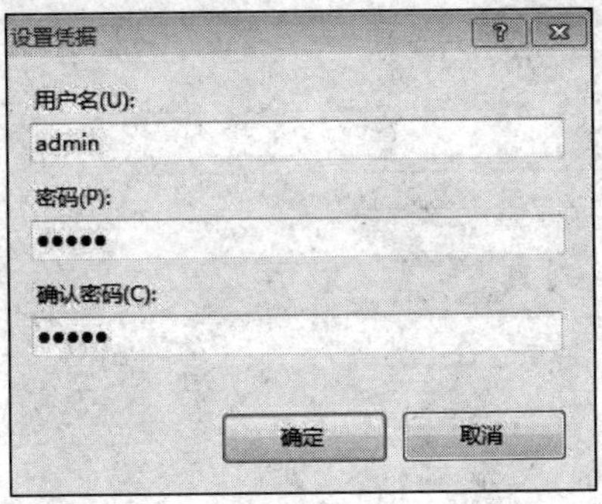

图 5-23 “设置凭据”对话框

第 6 步：创建“FTP 下载”站点与建立“FTP 上传”站点基本一致，由于端口 21 被 FTP 上传使用，需要更换端口，如图 5-24 所示。

注意：在“身份验证和授权信息”界面勾选“读取”复选框，如图 5-25 所示。

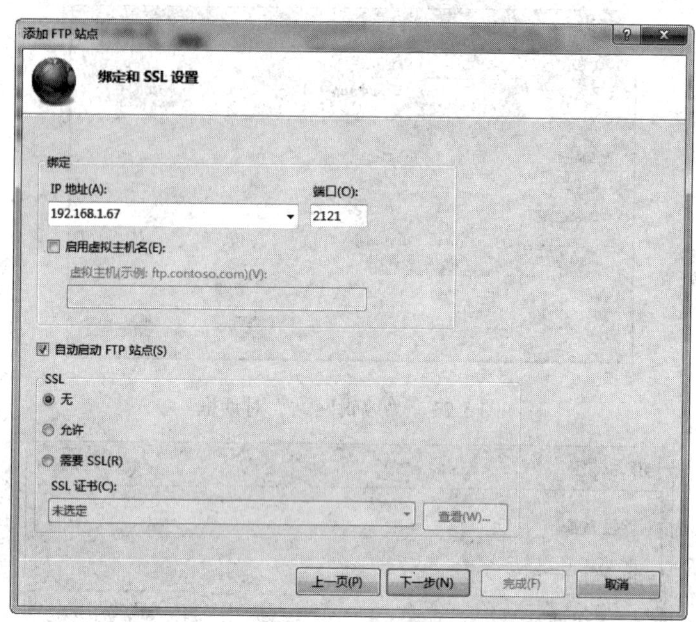

图 5-24　设置 FTP 下载的端口

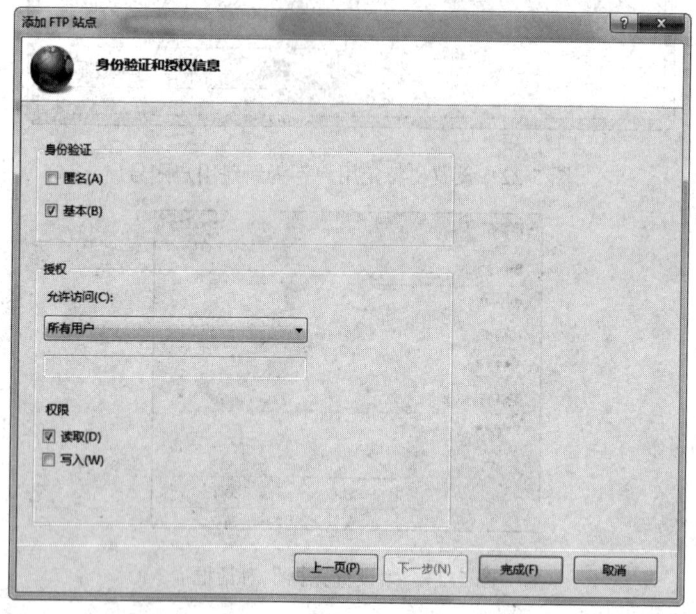

图 5-25　FTP 下载的身份验证及权限的设置

第 7 步：成果验证。最后检验是否建立成功。打开浏览器输入建立的 FTP 上传的 IP 地址，如图 5-26 所示，进入后会弹出账户验证，输入新建立的用户名和密码，即可进入 FTP 服务器，如图 5-27 所示。

图 5-26 浏览器中输入网址

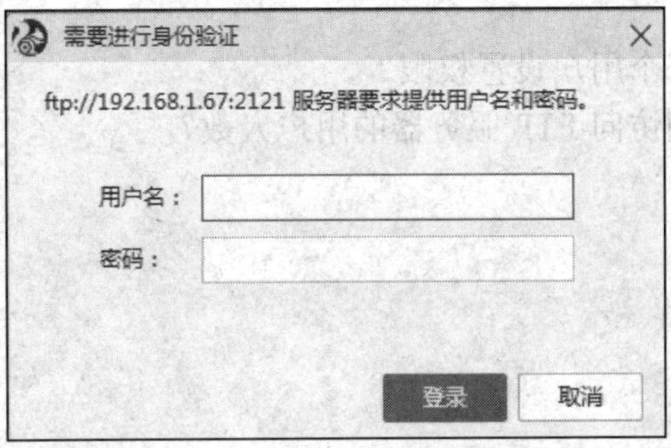

需要进行身份验证

ftp://192.168.1.67:2121 服务器要求提供用户名和密码。

用户名：

密码：

登录 取消

图 5-27 输入用户名和密码

知识拓展

在 Internet 上，文件传输协议（File Transfer Protocol，FTP）用来控制文件的双向传输。FTP 是 TCP/IP 网络上两台计算机传送文件的协议，是在 TCP/IP 网络和 Internet 上最早使用的协议。FTP 客户机可以通过给服务器发命令来下载、上传文件，创建或改变服务器中的目录。尽管 WWW 已经替代了 FTP 的许多功能，但 FTP 仍然是一种较常用的通过 Internet 把文件从客户机复制到服务器上的方法。通常情况下，Windows 7 操作系统自带这个组件。

在 Web 服务器没有全面完善之前，正常情况下，需要使用 FTP 方式在管理机和服务器之间互相传输文件，这是因为 FTP 的设置简单、操作方便，更容易实现。

FTP 服务器是用来给 Internet 上的计算机供给存储空间的，它们根据 FTP 提供服务。简单地说，支持 FTP 的服务器就是 FTP 服务器。

在 FTP 的使用过程中，用户经常会遇到的两个概念，即下载（Download）和上传（Upload）。下载文件就是从远程主机复制文件至自己的计算机上，上传文件就是将文件从自己的计算机中复制到远程主机上。

项目总结

本项目成功建立了 Web 服务器和 FTP 服务器，解决了信息发布及内部资源传输的问题。通过本项目的学习，应该掌握建立 Web 服务器和 FTP 服务器的方法，要更好地创建服务器就需要掌握更多的知识，多学习新技术，这样在建立服务器的时候才能得心应手。

思考与练习答案

思考与练习

1）如何给每个用户设置权限？

2）怎样限制访问 FTP 服务器的用户人数？

项目六
配置网络共享打印机和手机网络打印机

项目情境

周末休息时，莉莉到好朋友娜娜家玩，二人边聊天边玩自拍。正玩得高兴时，莉莉的手机响了，是老板给她传了一份加急文件要她检查，一会儿就要用。莉莉嫌在手机上看文件字太小不方便，想打印出来再看，但是今天来娜娜家她没有带手机数据线，正发愁的时候，娜娜说："别着急，我家有 Wi-Fi 信号，也有计算机和打印机，手机不连计算机也能打印文件的。"莉莉听了非常疑惑："不连接到计算机，我的文件怎么送到打印机？"娜娜笑道："不但有办法打印，而且不止一种方法呢，手机无线打印就行了，对了，顺便把我们的自拍照也打印几张吧！"

在现代生活中，随着智能手机、平板电脑的流行，以及 Wi-Fi 信号的广泛存在，使得人们得以摆脱台式计算机和网线的束缚，可以随时随地地用移动设备处理文档和照片。若要将移动设备中 Office 文档打印出来，不得不借助 USB 线传到计算机里，很麻烦，要是身边没有计算机和打印机，更是无法打印了，怎么办？本项目就介绍几种用手机无线连接打印机的方法，并介绍共享打印机的方法。

项目分解

本项目可以分解为以下 4 个任务：

任务一　手机连接不支持 Wi-Fi 的打印机

任务二　iOS 系统手机连接无线打印机

任务三　安卓系统手机连接无线打印机

任务四　配置网络共享打印机

任务一　手机连接不支持 Wi-Fi 的打印机

任务说明

当打印机不支持无线信号时，需要用计算机来分别连接手机与打印机。

操作流程

第 1 步：器材准备。本任务需要的器材有装有 Windows 7 操作系统的计算机一台、智能手机一台、打印机一台。另外，要求在有 Wi-Fi 信号的环境中实施本任务。

第 2 步：手机与计算机同时登录 QQ 并启动打印机。如果打印机没有无线连接的功能，只要有一台能上网的计算机连接这台打印机，并且在同一个局域网里有 Wi-Fi 信号，手机能够接入局域网，且在计算机和手机同时登录 QQ 就可以实现手机打印了。至于手机，只要是能安装运行最新版本的 QQ 的智能手机即可，这里以 iPhone 为例介绍连接过程。

首先在计算机上登录 QQ，并且保证 QQ 一直在线；然后确认计算机是否已经连接了打印机，在“控制面板”窗口中可以查看设备和打印机，如图 6-1 所示。

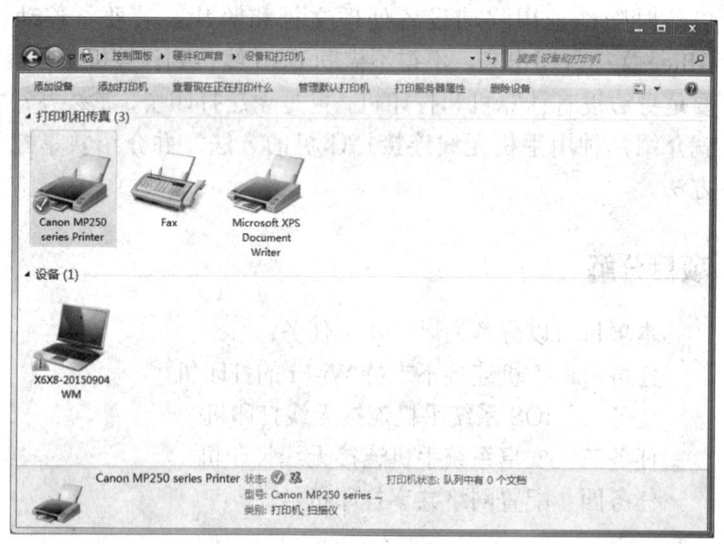

图 6-1　查看打印机

第 3 步：在手机上找到打印界面。在 iPhone 手机上用同一个 QQ 号码登录，进入 QQ 界面后，按底部的“联系人”图标，如图 6-2 所示。选择“我的设备”→“我的打印机”命令，如图 6-3 所示。

图 6-2　选择“联系人”

图 6-3　“我的设备”列表框

在打开的“我的打印机”界面，可以选择之前 QQ 上接收到的所有文件，也可以选择打印手机上的照片，在此以打印文件为例，按左下角的“打印文件”按钮，如图 6-4 所示。

第 4 步：选择打印文件。在打开的“本地文件”界面中，会显示之前所有接收到的文件，选择需要打印的文件，按右侧的“打印”按钮，如图 6-5 所示。

图 6-4　“我的打印机”界面

图 6-5　“本地文件”界面

第 5 步：设置打印机。按“打印”按钮后，打开“打印选项”界面，如图 6-6 所示。按“选择打印机”按钮，打开“选择打印机”界面，显示所有可用的打印机名称，选择计算机已连接的、可用的打印机名称，如图 6-7 所示。

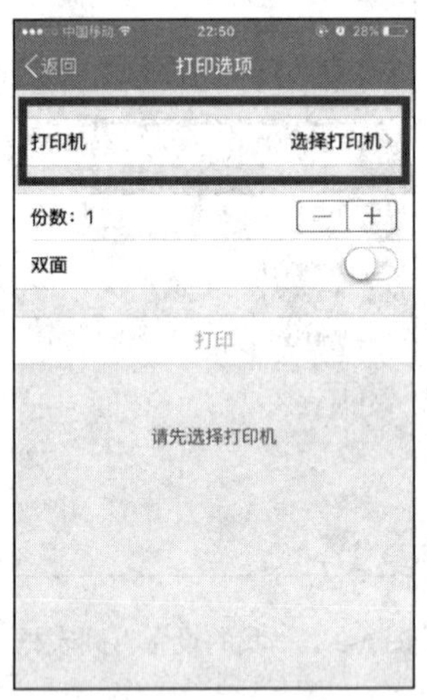

图 6-6 “打印选项”界面

图 6-7 选择可用的打印机

第 6 步：准备打印。选好要使用的打印机型号后，返回“打印选项”界面，设置打印份数，按“打印”按钮，如图 6-8 所示。进入“我的打印机”界面，文件被传送到计算机中准备打印，如图 6-9 所示。

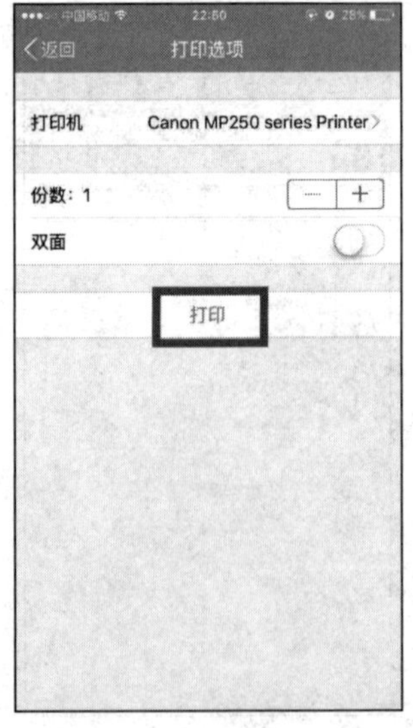

图 6-8 返回“打印选项”界面

图 6-9 文件传送至计算机

第 7 步：计算机端打印输出。文件传送完毕后，计算机会自动启动打印程序，进入打印界面，将需要打印的文档打印输出，如图 6-10 所示。

图 6-10　打印输出

注意：必须保证计算机和手机在同一局域网中才可以完成这个操作。

知识拓展

除了用 Wi-Fi 无线连接打印机外，还可以使用蓝牙功能来实现无线打印。首先确保打印机支持蓝牙功能，若打印机不支持蓝牙，则需要使用适配器。在网上购物或电子商店里都能找到一种廉价的适配器。我们需要做的是将它一端连接到计算机，另一端连接到打印机即可。它会在打印机上自动安装。在安装适配器之后，进入控制面板，打开“蓝牙设备”，会自动添加打印机，应确定已勾选“打开发现”和“允许蓝牙设备连接到这台计算机”复选框。手机利用 QQ 软件连接计算机，通过蓝牙功能，利用打印机即可实现无线打印。

任务二　iOS 系统手机连接无线打印机

任务说明

如果有 iPhone 或 iPad 之类的 iOS 系统的设备，而且打印机具有无线连接的功能，就可以直接用手机的 AirPrint 功能来连接打印机，而不需要使用计算机。

操作流程

第 1 步：器材准备。本任务需要的器材为一台具有 Wi-Fi 无线打印功能的打印机、一部 iOS 系统手机。本任务需在有 Wi-Fi 信号的局域网中实施。

第 2 步：准备好一台无线打印机。这里准备的是一台佳能炫飞 SELPHY

CP910 照片打印机，以下简称 CP910。CP910 可以与支持 Wi-Fi 技术的智能手机、平板电脑、计算机及支持 PictBridge（直接打印）标准的 Wi-Fi 照相机通过接入点（无线网络路由器等）进行通信连接，打印其中存储的照片。同时，也可以将打印机作为简易接入点（无须无线网络路由器），直接连接至上述智能手机、平板电脑和照相机，使操作更为简单。

第 3 步：准备一台 iPhone 手机。使用 iPhone 手机打印文件和照片非常简单。因为 iPhone 手机系统原生支持 AirPrint（无线打印），而 CP910 针对 iOS 设备兼容 AirPrint 功能，所以可以轻松实现从 iPhone、iPad 中打印文件、照片等。用户无须下载特殊的应用程序，在设备中选择图片或文件（以图片为例），并在菜单中按“打印”按钮，按步骤确认，即可完成图片的打印。

第 4 步：打印过程。在 iPhone 中选择一张要打印的照片，按左下角的上箭头按钮，如图 6-11 所示。在弹出的更多按钮中，按“打印”按钮，如图 6-12 所示。

图 6-11　选择照片

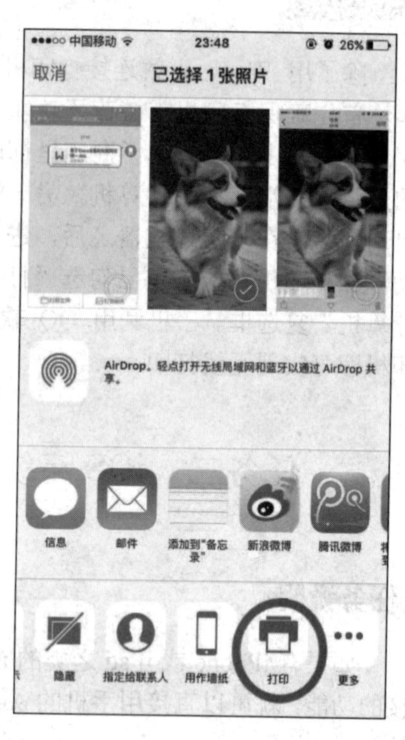

图 6-12　按“打印”按钮

按“打印”按钮后，进入“打印机选项”界面，在此处可以设置打印份数和选择打印机型号，如图 6-13 所示。选择好打印机型号并设置打印份数后，按右上角“打印”按钮，如图 6-14 所示。

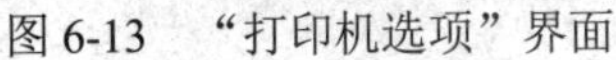
图 6-13　“打印机选项”界面

图 6-14　打印照片

第 5 步：输出照片。打印机接受命令后开始准备打印，打印结果如图 6-15 所示。

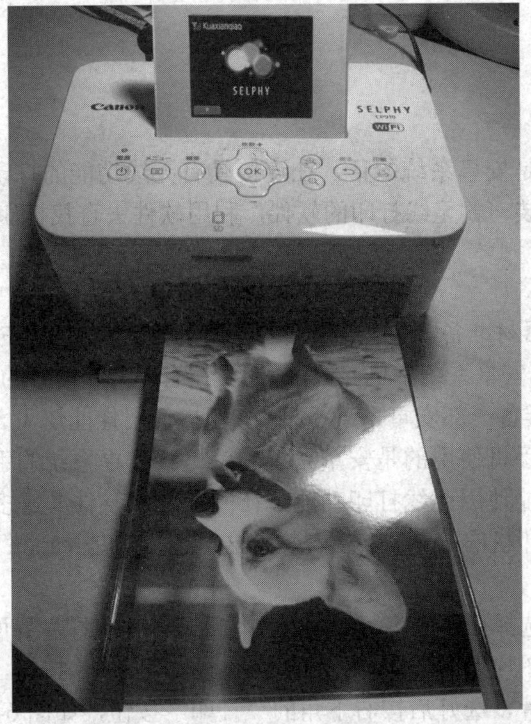

图 6-15　打印结果

知识拓展

iPhone 手机可以通过应用软件实现打印。访问 iTunes 应用商店，搜索打印应用，会找到一个供选择的支持从 iPhone 打印的应用列表。我们可以选择一个下载使用。

例如，HP ePrint 是一个免费的打印应用软件，要使用它，需要一个网络惠普打印机或任何联网的支持手机打印的惠普打印机。这个应用软件还可以云打印到支持 HP ePrint 功能的打印机，既可以在家里，也可以在公共打印设备上进行打印。

来自 IRM 的 Print 应用支持任何打印机，包括所有的 AirPrint 打印机。Print 可以打印多种类型的文件，而且通过了 Apple 的 iOS 5 和 iOS 6 兼容性认定。

另外，来自 EuroSmartz 的 PrintCentral 应用软件，可以应用到包括 AirPrint 打印机在内的所有打印机，而且当 Wi-Fi 无法使用时，可以通过 3G 网络打印。

任务三　安卓系统手机连接无线打印机

任务说明

如果手机是安卓系统的话，在连接具有无线功能的打印机时，需要在手机中下载安装一款无线打印的软件，利用软件去查找打印机进行打印。

操作流程

第 1 步：器材准备。本任务需要的器材为一台具有 Wi-Fi 无线打印功能的打印机、一部安卓系统手机。本任务需要在有 Wi-Fi 信号的局域网中实施。

第 2 步：准备一部安卓系统手机。打印机使用佳能炫飞 SELPHY CP910 照片打印机，手机使用的是安卓系统的手机。安卓系统的手机需要安装一款手机软件才能使用无线打印功能，在网上此款软件非常多，大家可以选择适合自己打印机的 APP 下载安装，这里选择的是 canon easy-photoprint 软件。

第 3 步：选择打印内容。安装好软件后进入“打印”界面，选择需要打印的内容（以图片为例），如图 6-16 所示。按“图像”按钮，进入图库选择需要打印的照片，选好后按右下角的“打印”按钮，如图 6-17 所示。

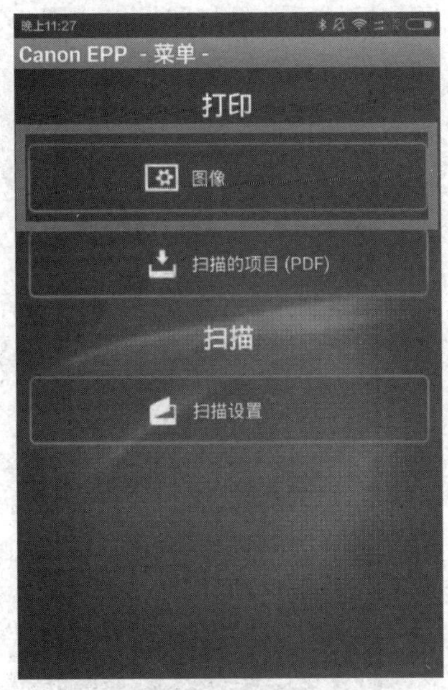

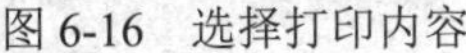
图 6-16　选择打印内容

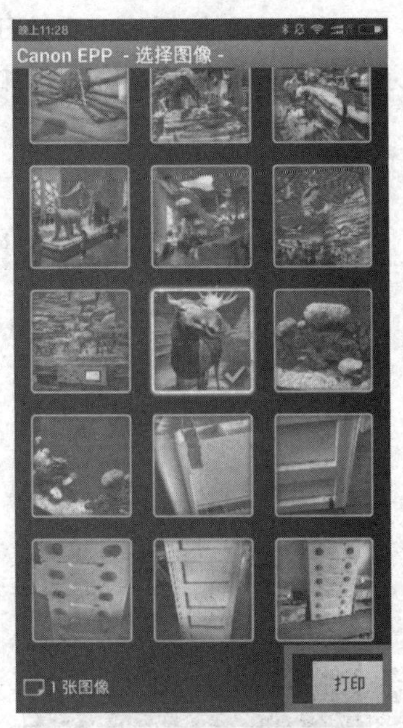

图 6-17　按“打印”按钮

第 4 步：选择打印机。按“打印”按钮后，进入“打印设置”界面，弹出“选择打印机”提示框，按“确定”按钮，如图 6-18 所示。系统会提示检查打印机是否已启动，如图 6-19 所示。

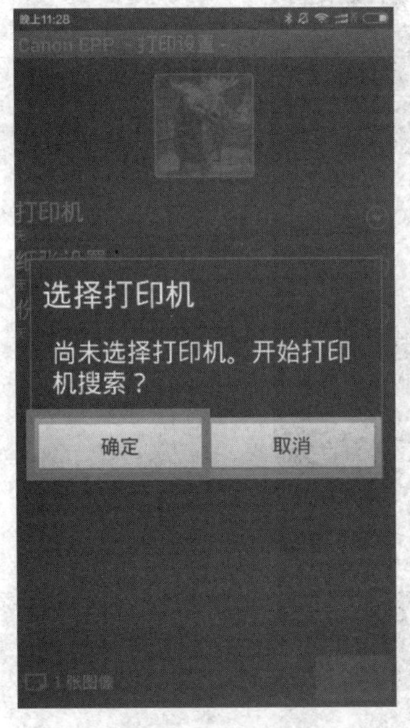

图 6-18　“选择打印机”对话框

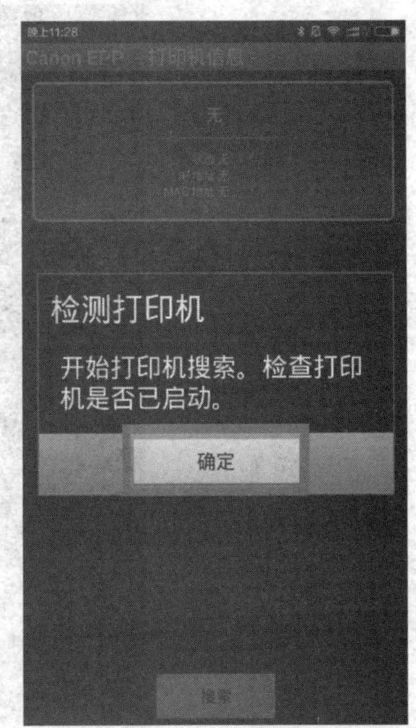

图 6-19　检测打印机

按“确定”按钮后，系统开始查找同一局域网内的打印机，如图 6-20 所示。找到打印机后，会显示如图 6-21 所示的界面。

图 6-20　开始查找打印机

图 6-21　找到打印机

第 5 步：开始打印。在打印前，对信息进行最后确认，无误后按“打印”按钮开始打印，如图 6-22 所示。

图 6-22　确认打印

知识拓展

在实际生活中，可以使用谷歌公司的云打印（Cloud Print）功能，可以通过安卓智能手机或平板电脑直接打印任何东西。目前云打印功能正处于测试阶段，与谷歌公司的许多其他服务一样，云打印功能也是通过网络来进行打印工作的，所以只要你喜欢，可以连接朋友家的打印机直接打印手机里的文件。

（1）打印机要支持 Wi-Fi

如果打印机支持 Wi-Fi，也就意味着即使计算机处于关闭状态，同样可以连接到打印机。因为打印机在接入 Wi-Fi 之后可以在没有计算机的帮助下直接连接到安卓设备。在打印机准备好之后，通过访问云打印站点来搜索打印机型号，找到后进行设置即可。

谷歌的云打印服务最大的亮点在于兼容许多老式的打印机，只要打开计算机，接入互联网，打印机同样可以被云打印服务搜索到。

（2）设置安卓设备

在安卓设备上找到 Google Play 商店然后下载安装“Google Cloud Print”应用软件。这款应用软件的本质其实是一个插件，可以打印谷歌公司自带服务中的照片（如相册），管理用户的打印命令。

（3）开始打印

打印相册或 Chrome 浏览器中的内容，只需按任何应用程序菜单中的“打印”按钮，就会打开一个窗口。然后，从下拉列表中选择打印机并进行各种设置，如纸张大小和颜色等。按“开始打印”按钮，待打印的内容就会被发送到打印机上。

提示：云打印服务不仅仅局限于安卓设备。只要设置好，并且可登录 Chrome 浏览器谷歌账户的设备，就可以直接连接任何打印机。不过需要注意的是，云打印的对话框只能在 Chrome 浏览器中出现。

任务四　配置网络共享打印机

任务说明

通常，在办公时都会使用到打印机这个外部设备，在一个局域网中，可以通过设置实现打印机资源的共享。下面以 Windows 7 操作系统为例，讲述如何设置打印机共享。

操作流程

第 1 步：器材准备。本任务需要的器材为装有 Windows 7 操作系统的计算机一台及打印机一台。本任务需要在有局域网的环境中进行。

第 2 步：取消禁用 Guest 用户。在安装了打印机的计算机上，右击“计算机”图标，在弹出的快捷菜单中选择“管理”命令，打开“计算机管理”窗口，如图 6-23 所示，双击 Guest，弹出“Guest 属性”对话框，确保“账户已禁用”复选框没有被勾选，如图 6-24 所示。

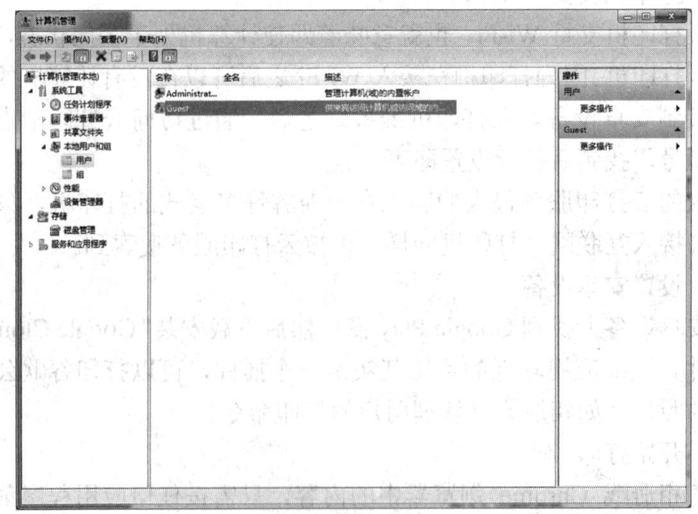

图 6-23 “计算机管理”窗口

图 6-24 “Guest 属性”对话框

第 3 步：设置共享目标打印机。在设置共享打印机之前，首先需要确保打印机已正确连接，并且打印机的驱动程序已经正确安装。

然后，在安装了打印机的计算机上，选择“开始”→“设备和打印机”命令。在打开的“设备和打印机”窗口中找到需要共享的打印机的图标，在这个打印机图标上右击，在弹出的快捷菜单中选择“打印机属性”命令（如果有必要，将这个打印机设置为默认打印机），如图 6-25 所示。

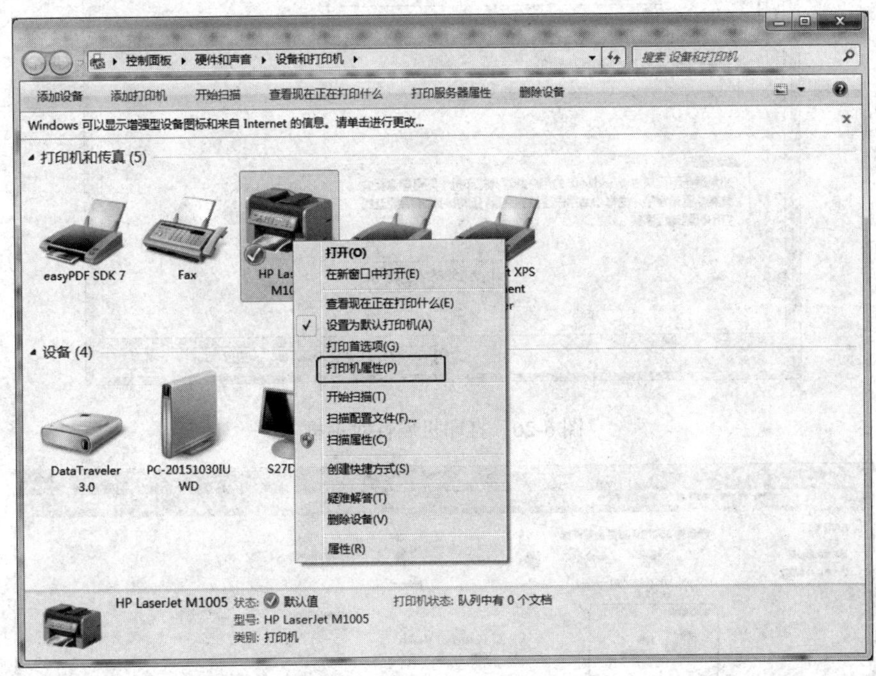

图 6-25 “设备和打印机”窗口

在弹出的打印机属性对话框中，选择“共享”选项卡，勾选“共享这台打印机”复选框。在其下的文本框中设置一个打印机的共享名称（记住这个打印机的共享名称，在后面的设置中会用到），如图 6-26 所示。

第 4 步：高级共享设置。在安装打印机的计算机桌面右下角系统托盘的网络连接图标上右击，在弹出的快捷菜单中选择“打开网络和共享中心”命令。

在打开的“网络和共享中心”窗口中，首先记住所处的网络类型。然后，在窗口下方单击“选择家庭组和共享选项”超链接，如图 6-27 所示。

在打开的“家庭组”窗口中，单击“更改高级共享设置”超链接，如图 6-28 所示，打开“高级共享设置”窗口。

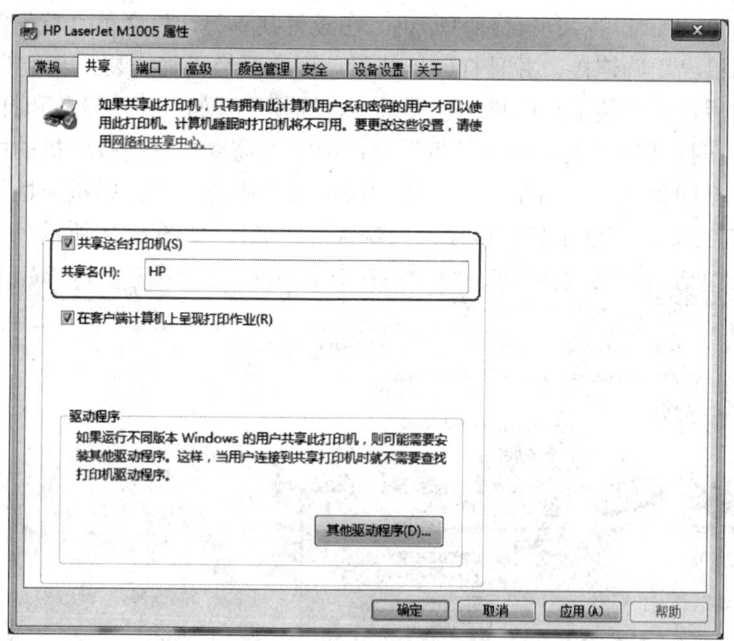

图 6-26　打印机属性对话框

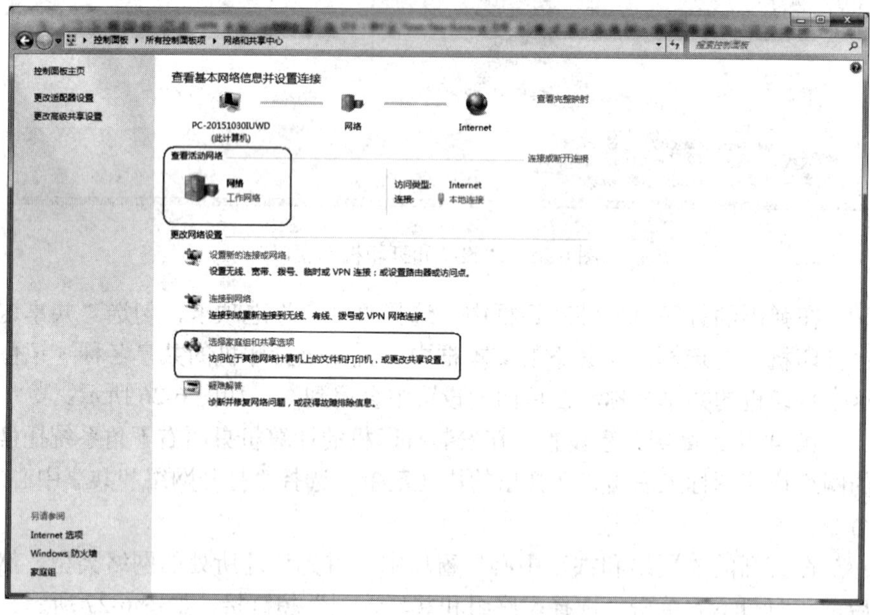

图 6-27　“网络和共享中心”窗口

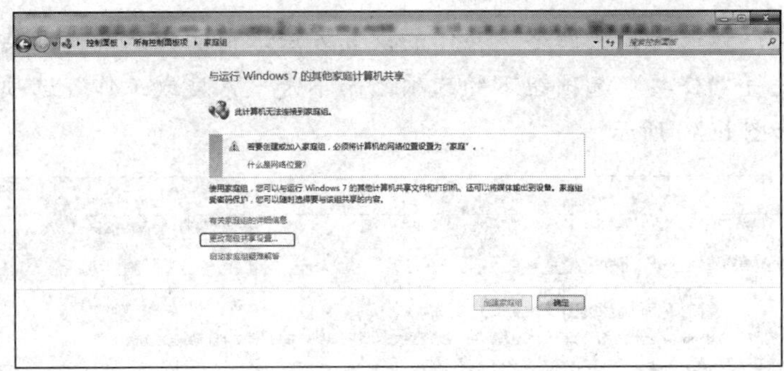

图 6-28　“家庭组”窗口

如果使用的是家庭或工作网络，那么“高级共享设置”窗口的具体设置参考图 6-29。在“文件和打印机共享”选项组点选“启用文件和打印共享”单选按钮。在“密码保护的共享”选项组点选“关闭密码保护共享”单选按钮。设置完成之后单击“保存修改”按钮，进行保存。

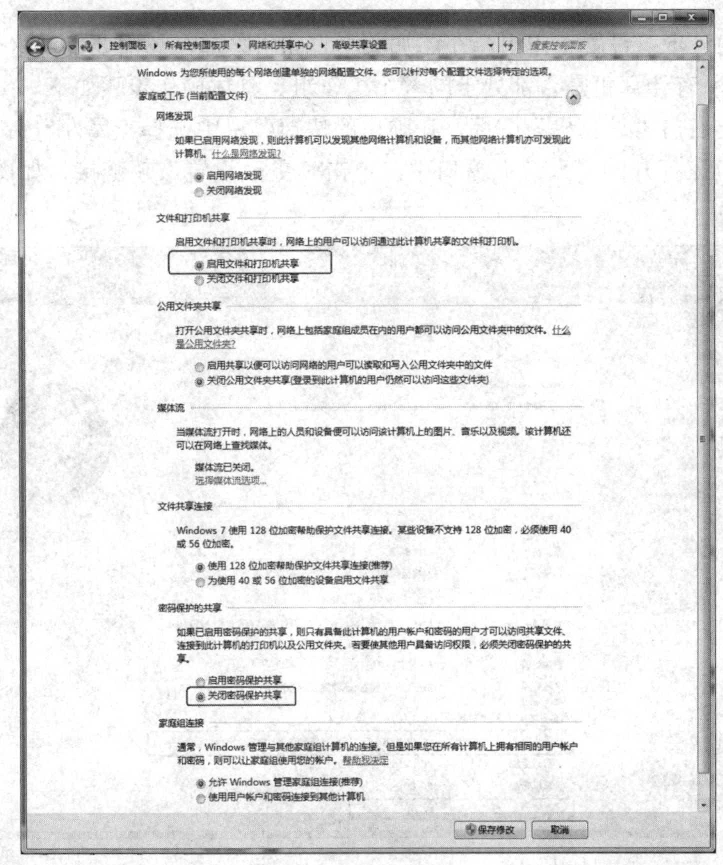

图 6-29　“高级共享设置”窗口

注意：如果是公共网络，具体的设置方法跟前面介绍的情况类似，但相应地设置“公共”选项组下的选项，而不是“家庭或工作”选项组下的选项，如图 6-30 所示。

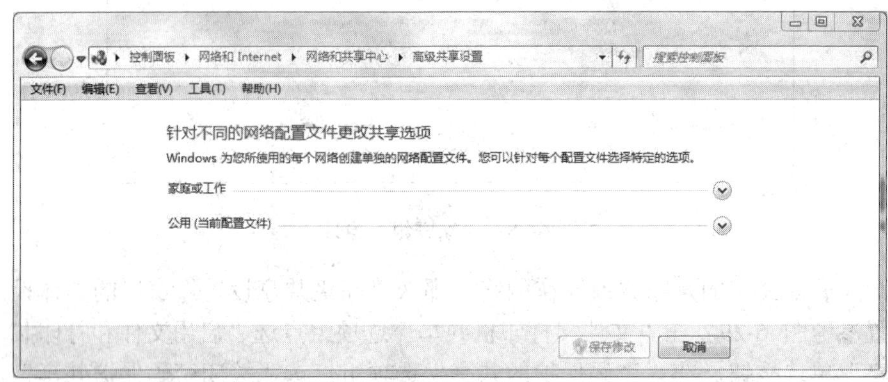

图 6-30　公共网络设置

第 5 步：设置工作组。在添加共享打印机之前，还需要确定这个局域网内的所有计算机是否都处于同一个工作组。具体操作步骤如下。

1）右击“计算机”图标，在弹出的快捷菜单中选择“属性”命令。

2）在打开的“系统”窗口中，单击“更改设置”超链接，如图 6-31 所示。

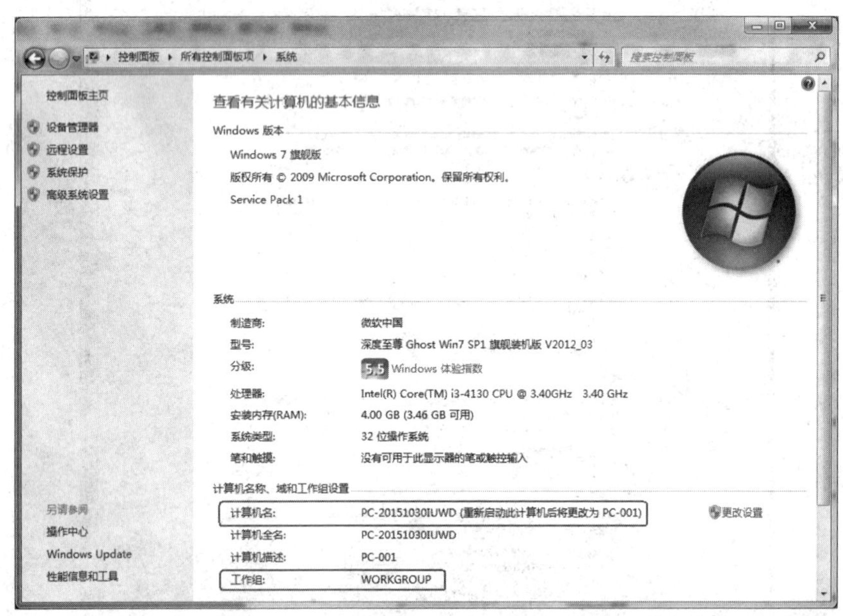

图 6-31　“系统”窗口

3）在弹出的“计算机名/域更改”对话框中的“隶属于”选项组中点选“工作组”单选按钮，并在下面的文本框中输入一个工作组名称。

4）在“计算机名/域更改”对话框中还可以修改计算机名称，建议将一个局域网内的所有计算机修改成具有相同前缀的名称，如 PC-001、PC-002、PC-003 等，以方便查找、使用和管理。单击“确定”按钮，如图 6-32 所示。

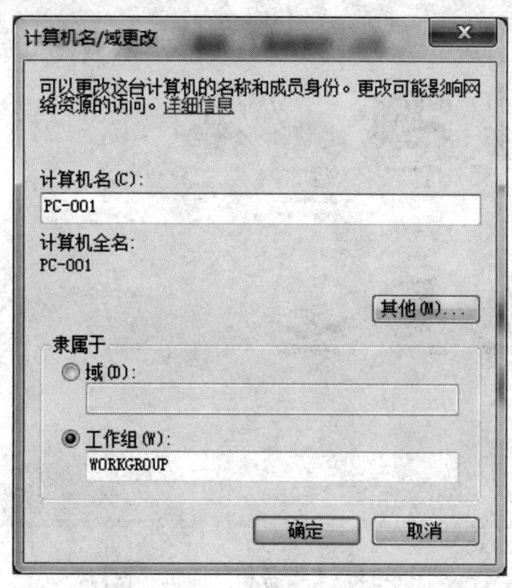

图 6-32 “计算机名/域更改”对话框

按照以上步骤，将局域网内的所有计算机设置在同一个工作组，并有统一前缀的计算机名称。

这个设置要在重新启动计算机后才能生效，所以在设置完成后不要忘记重新启动计算机，使设置生效。在图 6-33 所示的提示框中单击“立即重新启动”按钮，即可。

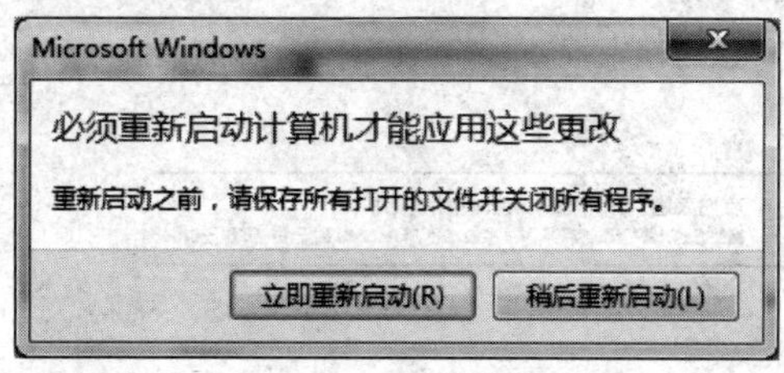

图 6-33 重新启动计算机后才能生效

第 6 步：在局域网内没有连接打印机的计算机上添加目标打印机。此步操作在局域网内的其他需要添加共享打印机的计算机上进行。

设置的方法多种多样，这里介绍其中常见的两种。

首先，都需要进行添加打印机的操作。选择“开始”→“控制面板”命令，在“控制面板”窗口中，单击“查看设备和打印机”超链接，打开“设备和打印机”窗口，选择“添加打印机”选项，如图6-34所示。

图6-34　“设备和打印机”窗口

在弹出的“添加打印机”对话框中，选择“添加网络、无线或Bluetooth打印机”选项，单击“下一步”按钮，如图6-35所示，系统会自动搜索到可以使用的打印机。

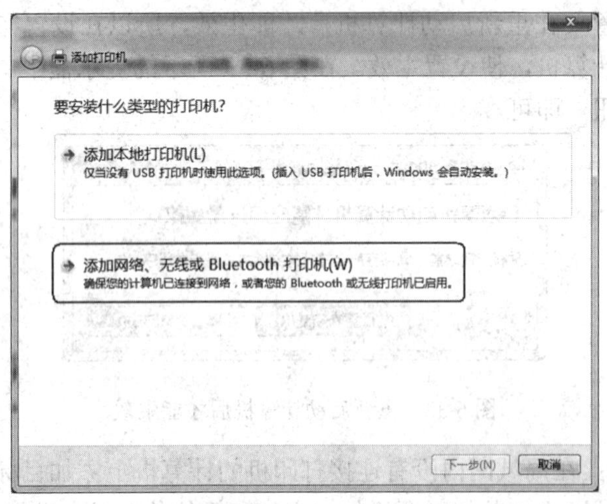

图6-35　“添加打印机”对话框

如果前面的步骤设置都正确的话，那么只要耐心等待，一般系统都能找到刚刚设置的共享打印机，接下来只需跟着提示一步步操作就行了。

如果耐心地等待后，系统还是找不到所需的打印机，窗口中会提示找不到打印机。在“添加打印机”的“正在搜索可用的打印机”界面选择“我需要的打印机不在列表中”选项，然后单击“下一步”按钮，如图 6-36 所示。

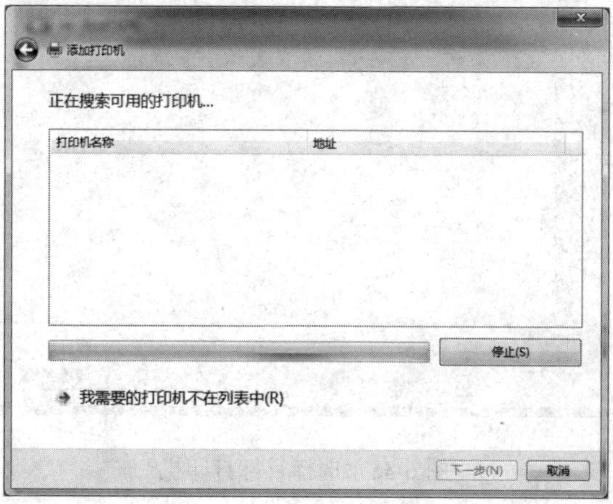

图 6-36 “正在搜索可用的打印机”界面

接下来的设置就有多种方法，此处仅列举两种。

方法一：选择“浏览打印机”选项，单击“下一步”按钮。

在弹出的“请选择希望使用的网络打印机并单击‘选择’以与之连接”对话框，如图 6-37 所示。选择连接着打印机的计算机，单击“选择”按钮。选择相应计算机后，在打开的打印机列表中选择目标打印机，如图 6-38 所示。

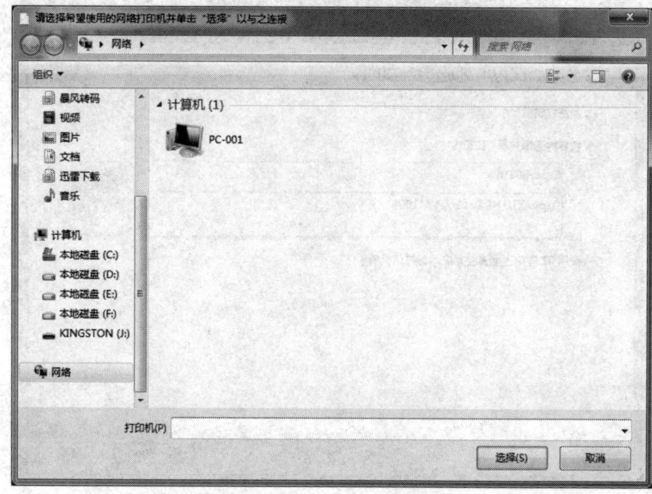

图 6-37 选择目标计算机

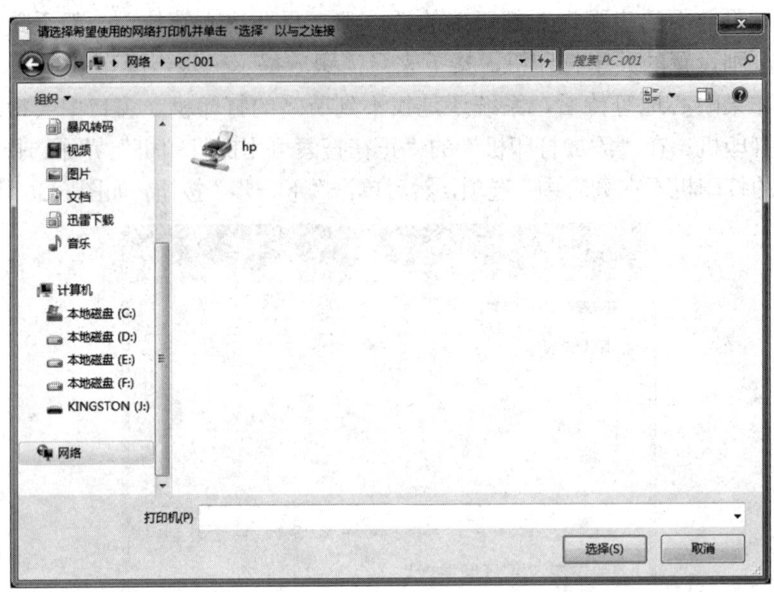

图 6-38　选择目标打印机

系统会自动找到该打印机的驱动并安装。至此，网络共享打印机已成功添加。

方法二：在“添加打印机”对话框中，点选“按名称选择共享打印机”单选按钮，在其下的文本框中输入“\\计算机名\打印机名”（上文设置的计算机名称为 PC-001，共享打印机名称为 hp）。如果前面的设置正确的话，当还没输入完全，系统就会给出提示，如图 6-39 所示，单击“下一步”按钮。

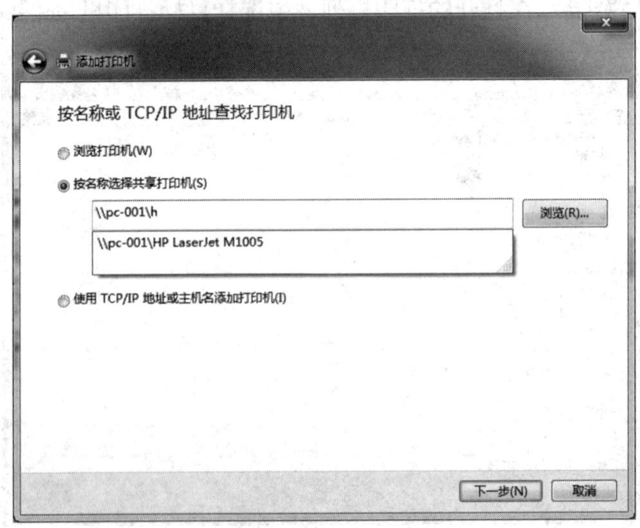

图 6-39　“按名称或 TCP/IP 地址查找打印机”界面

注意：如果在这步操作中系统没有自动给出提示，那么很可能在单击“下一步”按钮之后仍然会无法找到目标打印机，此时需要把“计算机名称”用“IP 地址”来替换。例如，IP 地址为 192.168.0.55，则应输入“\\192.168.0.55\hp”。

查看系统 IP 地址的方法如下。

右击“网络”图标，在弹出的快捷菜单中选择“打开网络和共享中心”命令，打开“网络和共享中心”窗口，单击“本地连接”超链接。在弹出的“本地连接 状态”对话框中，单击“详细信息”按钮，如图 6-40 所示。在弹出的“网络连接详细信息”对话框中，“IPv4 地址”就是本机的 IP 地址，如图 6-41 所示。

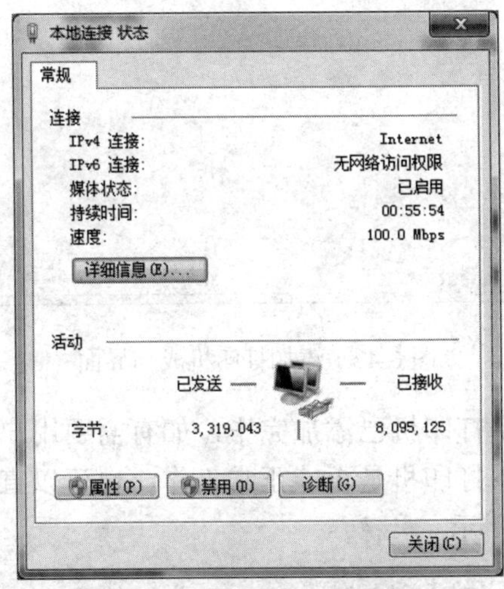

图 6-40　“本地连接 状态”对话框

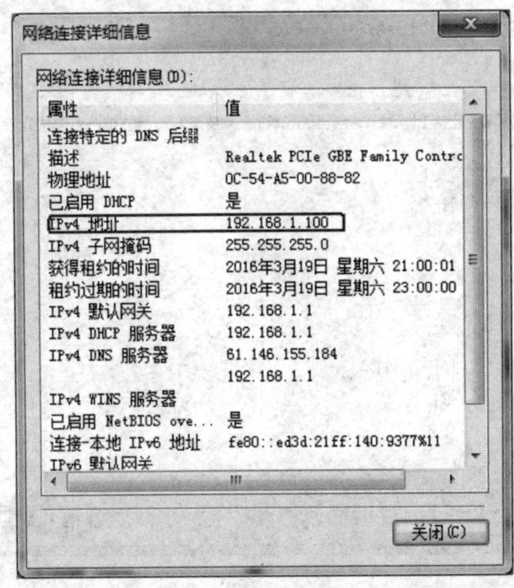

图 6-41　“网络连接详细信息”对话框

添加打印机操作完成后系统会给出提示，告诉用户打印机已成功添加，直接单击“下一步”按钮，如图 6-42 所示。

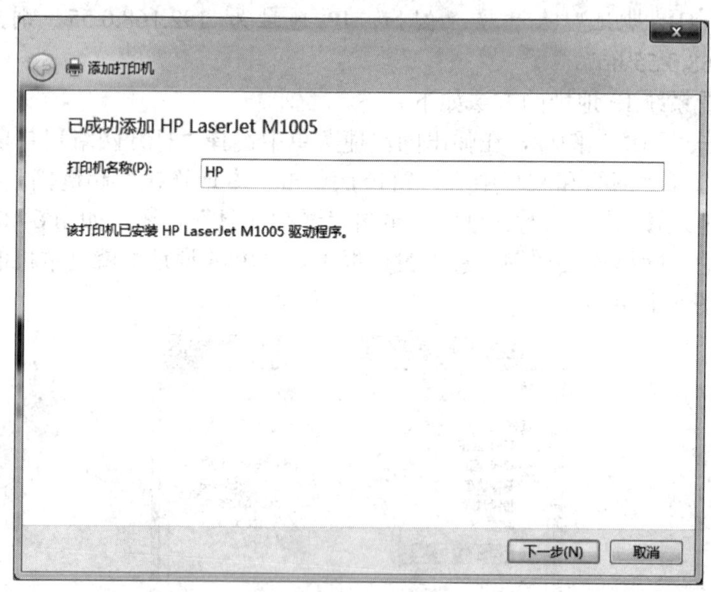

图 6-42　添加打印机成功界面

至此，网络共享打印机已添加完毕，如有需要用户可单击“打印测试页”按钮，测试一下打印机是否能正常工作，也可以直接单击“完成”按钮退出，如图 6-43 所示。

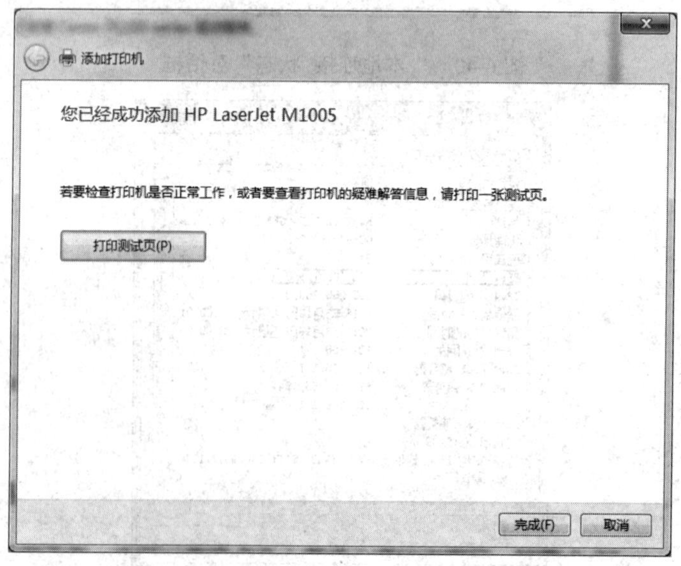

图 6-43　完成界面

第 7 步：验证。成功添加网络共享打印机后，在“设备和打印机”窗口中，可以看到新添加的打印机，在新添加的打印机图标上右击，在弹出的快捷菜单中选择“设置为默认打印机”命令，如图 6-44 所示。

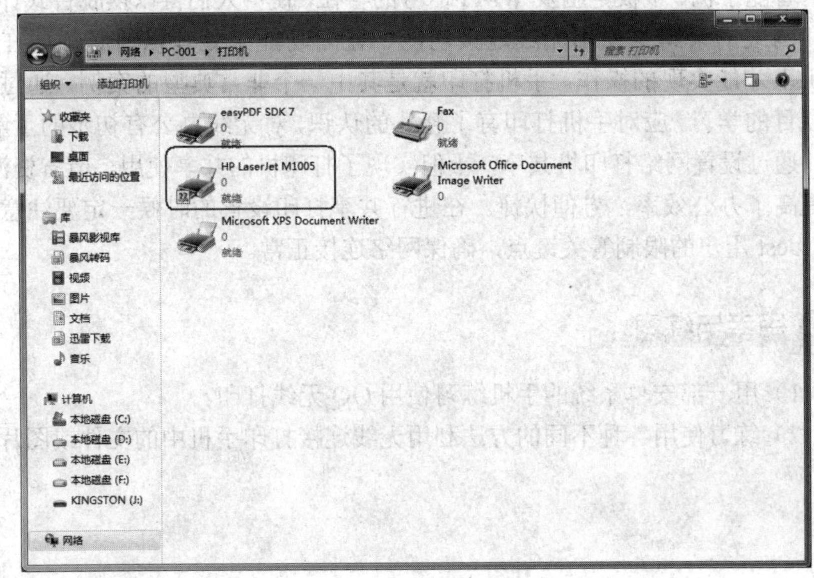

图 6-44　新添加的打印机

知识拓展

如果设置中无法成功添加网络共享打印机，那么很有可能是防护软件的问题，可对防护软件进行相应的设置或把防护软件关闭后再尝试添加。

除了网络共享打印设置之外，还可以使用打印共享器。打印共享器是一种能够将打印线缆的线路进行切换使用的硬件设备。

真正的打印服务器是一种独立的计算机外部设备，可以脱离计算机单独作为网络共享打印的服务器，如 D-Link 的打印服务器 DP-303+，就有 3 个并口，并能够实现 10/100Mbit/s 自适应。打印服务器一般都支持多协议打印服务，如支持 IPX、NetBEUI、TCP/IP、Apple Ether 等打印协议，从而可以支持使用不同网络操作系统的计算机发出的打印任务。此外，多端口的打印服务器可以接多台打印机，从而实现打印任务在所连接打印机中的自动分配。

相对来说，打印共享器则简单得多，打印共享器通常有两种硬件连接方式：一是允许两台或多台（如 4 台）计算机共同使用一台打印机；二是允许一台计算机使用两台打印机；有的打印共享器会设有开关，指向 A 开关则可以使用 A 打印机，指向 B 开关则可以使用 B 打印机。

项目总结

智能手机、平板电脑及 Wi-Fi 信号的存在，使得人们得以摆脱台式计算机和网线的束缚，使用无线连接功能、蓝牙功能来处理以前必须要在计算机上才能实现的操作。手机打印就是其中一个非常典型的案例。通过这个项目的学习，应对手机打印有了整体的认识，对无线办公有初步的了解。

通过设置网络打印机共享，不但实现了打印机的共享使用，节省资源，还提高了办公效率，方便快捷。在进行共享打印设置的时候一定要注意取消 Guest 用户的限制等关键点，确保网络连接正常。

思考与练习

1）用一部安卓系统的手机练习使用 QQ 无线打印。

2）练习使用各种不同的方法利用无线连接打印手机中的文件或图片。

项目七

批量装机和网络安全技术

项目情境

小杨的电子商务公司经营规模越来越大，最近招募了一批新员工，为此老板新采购了一批计算机，需要小杨给新采购的计算机装上系统，并确保其安全运行。

项目分解

小杨对老板交给的任务进行了详细的分析，把给新计算机装系统的工作分解成以下几个任务：

任务一　批量装机

任务二　了解网络安全与电商的安全问题

任务三　制定电子商务网络安全问题的对策

任务四　配置计算机的安全防护

任务一 批 量 装 机

任务说明

为公司新运来的一批计算机安装新的操作系统，对于小杨来说，既是挑战也是对个人能力的锻炼。按照正常思路来说，需要一台一台地给计算机装上操作系统。若需要安装系统的计算机数量在 10 台以内，可以一台一台进行安装，但需要安装系统的计算机较多，想提高安装系统的效率，改变装机方式是一个很明智的选择。现在的主板基本上支持系统从网卡引导，可以利用网卡启动，再利用交换机将几十台机器连到一台机器上做系统恢复。下面介绍一款简单实用的批量装机工具——PXE 全自动网克工具。

这款软件只有一个 EXE 文件，集成度高，操作是流水式的，简单易用且非常智能。作为一批新采购的机器，它们的配置是一样的，完全不用考虑硬件与驱动方面的不一致问题。首先，需要找一台机器安装好操作系统作为母机，同时在批量装机之前，向公司询问机器上是否有共同的软件或要安装驱动（如 Office 办公软件、杀毒软件、计算机优化软件，打印机是集体共用的，所有机器上都需要安装打印机驱动，即需要在母机上安装这个驱动），将机器上共用的软件装完后，确保系统已激活，保证装好的系统是稳定、可靠、安全、快速的。其次，利用 Ghost 系统盘将母机做一个全盘备份（包括分区状况），这样我们就得到了一个自己命名的.gho 文件。需要注意的是，此文件较大，需要硬盘有足够的存储空间。再次，公司有多个部门，各个部门有各自的软件，根据情况可以选择生成镜像批量安装，或者安装完基本系统后手动依次安装。

做好了母机系统的 GHO 镜像备份后，将需要装系统的机器全部打开，用网线、交换机和母机搭建成一个局域网，客户机选择网卡 PXE 启动，进入启动菜单后，启动“奇东瑞腾 PXE 全自动网克工具”，把刚做好的母盘复制到其他机器上去。

操作流程

第 1 步：准备一台安装好操作系统、办公软件、其他常用软件及公司通用软件的机器作为母机。

第 2 步：利用 Ghost 系统盘，将母机做一个全盘备份（包括分区状况）。选择一台服务器，运行网克工具接受母机系统的 GHO 镜像。运行网克工具，打开诚龙网克工具的运行界面，如图 7-1 所示。

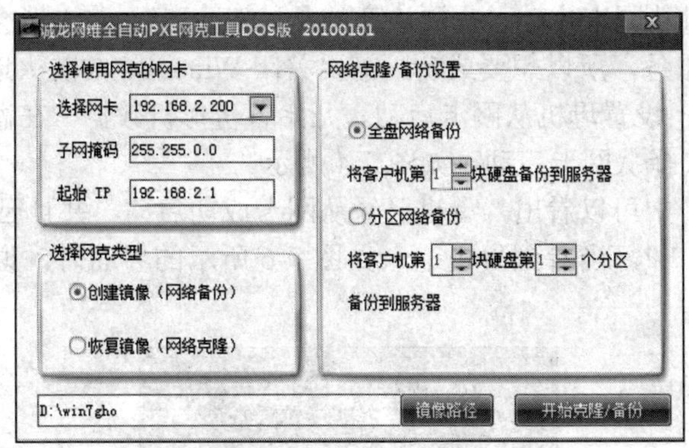

图 7-1　诚龙网克工具的运行界面

在“选择网克类型”选项组中点选“创建镜像（网络备份）”单选按钮，在“网络克隆/备份设置”选项组中点选“全盘网络备份”单选按钮。在“镜像路径”文本框中，输入接受网克的路径及名称。单击“开始克隆/备份”按钮，打开“haneWIN DHCP Server”窗口及接受母机镜像的服务器窗口，如图 7-2 和图 7-3 所示。

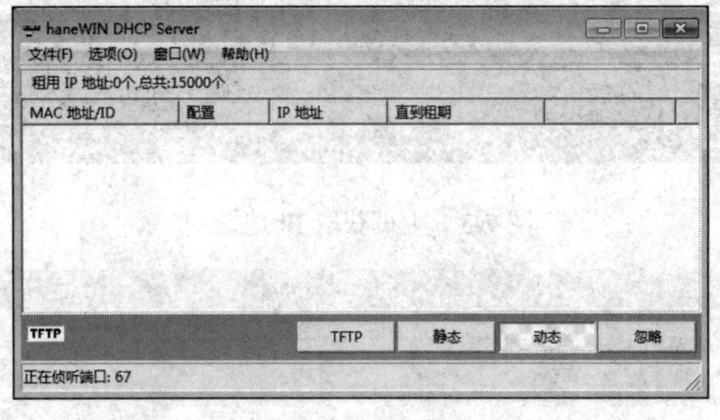

图 7-2　“haneWIN DHCP Server”窗口

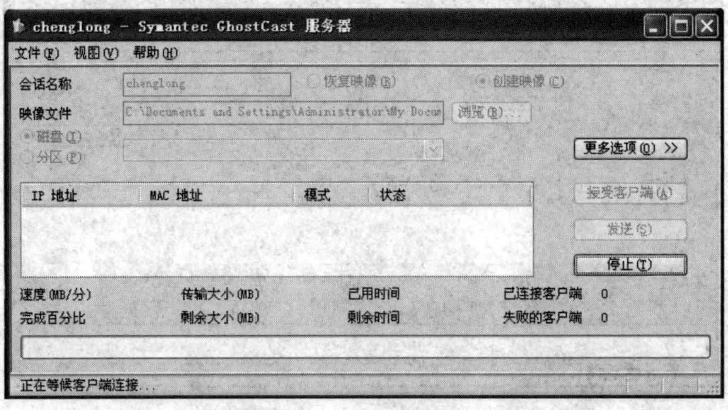

图 7-3　“chenglong-Symantec GhostCost 服务器”窗口

等待母机从网卡启动。需要注意的是，Windows 防火墙会拦截网克工具的 DHCP 服务，所以想要成功，需要关闭 Windows 的防火墙功能。

第 3 步：设置母机从网卡启动，开始备份母机数据。在做好的母机重新启动时，选择从网卡启动，如图 7-4 所示。

从图 7-5 中可以看出，母机已经从网卡成功启动，并且已经得到了 IP 地址 192.168.2.2，当看到母机进入如图 7-6 所示的界面时，说明网克已经成功。

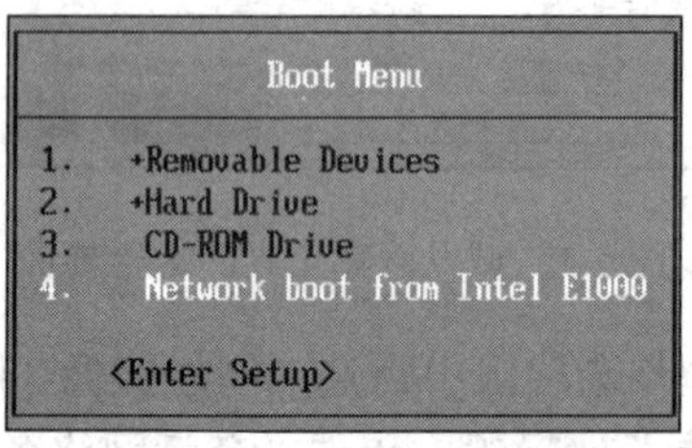

图 7-4　设置从网卡启动

```
Network boot from Intel E1000
Copyright (C) 2003-2008  VMware, Inc.
Copyright (C) 1997-2000  Intel Corporation

CLIENT MAC ADDR: 00 0C 29 39 8E 62  GUID: 564DCAE8-86F7-7326-7A7E-04D7BB398E62
CLIENT IP: 192.168.2.2  MASK: 255.255.0.0  DHCP IP: 192.168.2.200
PXE Menu Boot File v1.10
Transferring image file..
Starting PC DOS...
```

图 7-5　主机获取 IP 地址图

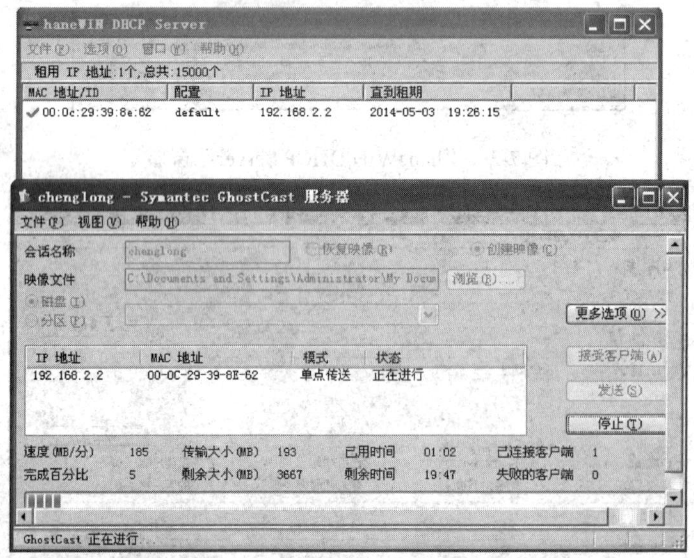

图 7-6　主机发送数据过程图

在服务器上可以看到 DHCP Server 已经租用了一个地址，服务器开始接收母机的数据信息，等到接收完成后，会在前面设置的路径 D 盘下产生一个 win7gho.gho 文件。此文件比较大，根据母机安装的软件多少，可能从一两个 GB 到十来个 GB 大小不等，包含母机的全部信息。

第 4 步：恢复镜像到其他计算机。在“选择网克类型”选项组中点选“恢复镜像（网络克隆）”单选按钮，在“网络克隆/备份设置”选项组中点选“全盘网络备份”单选按钮，在“镜像路径”文本框中，选择前面备份系统的路径及名称，如图 7-7 所示。单击“开始克隆/备份”按钮。

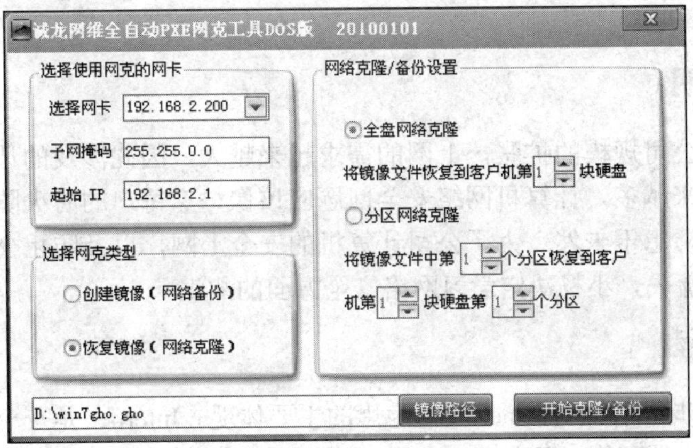

图 7-7　服务器接收数据图

这时，服务器端等待客户端接入，可以通过按 Enter 键将所有机器设置为 PXE 网卡启动。界面底部有链接的详细信息，将“已连接客户端”数目与所要装的机器数目进行核对，如果不一致，看客户端网口绿灯是否闪烁，检查连线是否松动，可以重新启动再试一遍；若核对机器数量一致，则单击“发送”按钮，让服务器端向客户端恢复镜像。等待传送完毕，机器会自动重新启动，我们只要检查是否有异常机器就可以了。

知识拓展

诺顿克隆精灵（Norton Ghost）能够完整而快速地备份、还原整个硬盘或单一分区。

Ghost 可以在 Windows 环境下运行，但其核心的备份和恢复仍要在 DOS 环境下完成，所以还不能算真正意义上的 Windows 克隆软件。自 2005 年 Symantec 公司收购了 Power Quest 公司后，Symantec 公司推出了使用更加方便的 Ghost 8.5 及以后版本。Windows 环境下的 Ghost 已经完全抛弃了原有的基于 DOS 环境的内核，其 Hot Image 技术可以让用户直接在 Windows 环境下，对系统分区进行热备份而无须关闭 Windows 系统；新增的增量备份功能，可以将磁盘上最近变更的信息添加到原有的备份镜像文件中去，不必再反复执行整盘备份的操作；还可以在不启动 Windows 的情况下，通过光盘启动来完成分区的恢复操作。Windows 版本的 Ghost 的最大优势在于：全面支持 NTFS，不仅能够识别 NTFS 分区，而且能读写 NTFS 分区目录里的备份文件，彻底解决了 Windows 98 启动盘无法识别 NTFS 分区的难题。

任务二　了解网络安全与电商的安全问题

任务说明

由于公司规模的扩张，上网的需求越来越大，因此涉及的计算机安全问题也越来越多，计算机网络安全问题应该像每家每户的防火防盗问题一样，做到防患于未然。为了公司计算机的安全上网，以及防止公司内部资料的恶意流失，小杨决定学习网络安全方面的知识。

操作流程

第 1 步：了解 Internet 安全隐患的主要体现。Internet 是一个开放的、无控制机构的网络，黑客（Hacker）经常会侵入网络中的计算机系统，或窃取机密数据和盗用特权，或破坏重要数据，或使系统功能得不到充分发挥直至瘫痪。

Internet 的数据传输是基于 TCP/IP 通信协议的，这些协议缺乏使传输过程中信息不被窃取的安全措施。

Internet 上的通信业务多数使用 UNIX 操作系统来支持，UNIX 操作系统中明显存在的安全脆弱性问题会直接影响安全服务。

在计算机上存储、传输和处理的电子信息，没有像传统的邮件通信那样进行信封保护和签字盖章。信息的来源和去向是否真实，内容是否被改动，以及是否泄露等，仅仅是依靠网络中几条简单的通信协议来维系的。

电子邮件存在着被拆看、误投和伪造的可能性。使用电子邮件来传输机密信息存在着很大的风险。

计算机病毒通过 Internet 的传播给上网用户带来极大的危害。病毒可以使计算机和计算机网络系统瘫痪、数据和文件丢失。在网络上病毒可以通过公共匿名 FTP 文件传播，也可以通过邮件和邮件的附加文件传播。

第 2 步：了解黑客常用的信息收集工具。SNMP 用来查看非安全路由器的路由表，从而了解目标机构网络拓扑的内部细节。简单网络管理协议（Simple Network Management Protocol，SNMP）是由 Internet 工程任务组织

（Internet Engineering Task Force，IETF）的研究小组为了解决 Internet 上的路由器管理问题而提出的。SNMP 与协议无关，所以可以在 IP、IPX、AppleTalk、OSI 及其他传输协议上使用。

TraceRoute 程序可以得出到达目标主机所经过的网络数和路由器数。Traceroute 程序是同 Van Jacobson 编写的能深入探索 TCP/IP 协议的方便可用的工具。它能让我们看到数据报从一台主机传到另一台主机所经过的路由，还可以利用 IP 源路由选项，指定源主机的发送路由。

Whois 协议是一种信息服务，能够提供有关所有 DNS 域和负责各个域的系统管理员数据（不过这些数据常常是过时的）。Whois 协议的基本内容是，先向服务器的 TCP 端口 43 建立一个连接，发送查询关键字并加上回车换行符，然后接收服务器的查询结果。

DNS 是 Domain Name System 或 Domain Name Service 的缩写，译为域名系统或域名服务。域名系统为 Internet 上的主机分配域名地址和 IP 地址。用户使用域名地址，该系统就会自动把域名地址转为 IP 地址。域名服务是运行域名系统的 Internet 工具。执行域名服务的服务器称为 DNS 服务器，计算机域名系统通过 DNS 服务器来应答域名服务的查询。

Finger 协议能够提供特定主机上用户们的详细信息，如注册名、电话号码、最后一次注册的时间等。

Ping 命令可以用来确定一个指定主机的位置并确定其是否可达。把这个简单的工具用在扫描程序中，可以 Ping 网络上每个可能的主机地址，从而构造出实际驻留在网络上的主机的清单。Ping 命令是用来检查网络是否通畅或网络连接速度的命令。作为一个网络管理员，Ping 命令是第一个必须掌握的 DOS 命令，它所利用的原理是这样的：网络上的机器都有唯一确定的 IP 地址，我们给目标 IP 地址发送一个数据报，对方就要返回一个同样大小的数据报，根据返回的数据报可以确定目标主机的存在，可以初步判断目标主机的操作系统等，当然，也可用来测定连接速度和丢包率。

第 3 步：了解 Internet 防火墙。Internet 防火墙能增强机构内部网络的安全性。防火墙系统决定了哪些内部服务可以被外界访问，外界的哪些人可以访问内部的哪些服务，以及哪些外部服务可以被内部人员访问。要使一个防火墙有效，所有来自和去往 Internet 的信息都必须经过防火墙，接受防火墙的检查。防火墙只允许授权的数据通过，并且防火墙本身也必须能够免于渗透。

1）Internet 防火墙与安全策略的关系。防火墙不仅仅是路由器、堡垒主机或提供网络安全的设备的组合，而是安全策略的一个部分。安全策略建立全方位的防御体系，甚至包括告诉用户应有的责任，公司规定的网络访问、服务访问、本地和远程的用户认证、拨入和拨出、磁盘和数据加密、病毒防护措施，以及雇员培训等。所有可能受到攻击的地方都必须以同样的安全级别加以保护。设立防火墙系统，而没有全面的安全策略，那么防火墙就形同虚设。

2）防火墙的优点。Internet 防火墙负责管理 Internet 和机构内部网络之间的访问。在没有防火墙时，内部网络上的每个节点都暴露给 Internet 上的其他主机，极易受到攻击。这就意味着内部网络的安全性要由每一个主机的坚固程度来决定，并且安全性等同于其中最弱的系统。

3）Internet 防火墙的作用。Internet 防火墙允许网络管理员定义一个中心“扼制点”来防止非法用户，如黑客、网络破坏者等进入内部网络；禁止存在安全脆弱性的服务进出网络，并抵挡来自各种路线的攻击。Internet 防火墙能够简化安全管理，网络的安全性在防火墙系统上得到加固，而不是分布在内部网络的所有主机上。

在防火墙上可以很方便地监视网络的安全性，并产生警报。注意，对于一个与 Internet 相连的内部网络来说，重要的问题并不是网络是否会受到攻击，而是何时受到攻击，谁在攻击。网络管理员必须审查并记录所有通过防火墙的重要信息。如果网络管理员不能及时响应警报并审查常规记录，防火墙就形同虚设。在这种情况下，网络管理人员不会知道防火墙是否受到攻击。

Internet 防火墙可以作为部署网络地址变换（Network Address Translator，NAT）的逻辑地址。因此防火墙可以用来缓解地址空间短缺的问题，并消除机构在变换 ISP 时带来的重新编址的麻烦。

Internet 防火墙是审查和记录 Internet 使用量的一个最佳工具。网络管理员可以利用它向管理部门提供 Internet 连接的费用情况，查出潜在的带宽瓶颈的位置，并根据机构的核算模式提供部门级计费。

第 4 步：了解导致计算机网络不安全的原因。

1）未进行操作系统相关安全配置。不论采用什么操作系统，在默认安装的条件下都会存在一些安全问题，只有专门针对操作系统安全性进行相关的和严格的安全配置，才能达到一定的安全程度。千万不要以为操作系统采用默认安装后，再配上很强的密码系统就算作安全了。

2）未进行 CGI 程序代码审计。如果是通用的 CGI 问题，防范起来还稍微容易一些，但是对于网站或软件供应商专门开发的一些 CGI 程序，很多存在严重的 CGI 问题。对于电子商务站点来说，会出现恶意攻击者冒用他人账号进行网上购物等严重后果。

3）拒绝服务（Denial of Service，DoS）攻击。随着电子商务的兴起，对网站的实时性要求越来越高，DoS 对网站的威胁越来越大。以网络瘫痪为目标的袭击效果比任何传统的恐怖主义和战争方式都来得更强烈，破坏性更大，造成危害的速度更快，范围也更广。而袭击者本身的风险却非常小，甚至可以在袭击开始前就已经消失得无影无踪，使对方没有实行报复打击的可能。

4）安全产品使用不当。虽然不少网站采用了一些网络安全设备，但由于安全产品本身的问题或使用问题，这些产品并没有起到应有的作用。很多安全厂商的产品对配置人员的技术背景要求很高，超出对普通网络管理人员的技术要求，就算是厂家在最初给用户做了正确的安装、配置，一旦系统改动，需要改动相关安全产品的设置时，还是容易产生许多安全问题。

5）缺少严格的网络安全管理制度。网络安全最重要的是要在思想上高度重视，网站或局域网内部的安全需要用完备的安全制度来保障。建立和实施严密的计算机网络安全制度与策略是真正实现网络安全的基础。

第 5 步：了解什么是窃取信息。由于未采用加密措施，数据信息在网络上以明文形式传送，入侵者在数据上报经过的网关或路由器上可以截获传送的信息。通过多次窃取和分析，可以找到信息的规律和格式，进而得到传输信息的内容，造成网上传输信息泄密，即窃取信息。

第 6 步：了解什么是篡改信息。当入侵者掌握了信息的格式和规律后，通过各种技术手段和方法，将网络上传送的信息数据在中途修改，然后发向目的地，即篡改信息。

第 7 步：了解什么是假冒。由于掌握了数据的格式，并可以篡改通过的信息，入侵者可以冒充合法用户发送假冒的信息或主动获取信息，而远端用户通常很难分辨。

第 8 步：了解什么是恶意破坏。由于入侵者可以接入网络，则可能对网络中的信息进行修改，掌握网上的机要信息，甚至可以潜入网络内部，其后果是非常严重的。

知识拓展

电子商务泛指在全球各个国家和地区进行的商务活动中，通过网络和商务平台来完成商务信息交流和商品的交易等商务行为，在此过程中买卖的双方不需见面。伴随着计算机技术和互联网络的飞速发展，电子商务一经推出就得到了广泛的推广，时至今日电子商务仍然被人们看作 IT 最有潜力的领域。

目前电子商务的安全存在比较严重的问题，突出表现在计算机网络安全和商业诚信，以及企业网络安全管理上。随着网络技术的广泛应用，我国电子商务的安全问题也日益突出。根据“计算机病毒和互联网安全报告疫情”的数据表明，计算机病毒感染率有所下降，但仍然维持在比较高的水平；网络安全问题仍然是目前制约电子商务迅速发展的瓶颈，如何解决好网络安全问题一直是各方关注的焦点。

任务三　制定电子商务网络安全问题的对策

任务说明

电子商务的一个重要技术特征是利用计算机技术来传输和处理商业信息。因此，电子商务安全问题的对策从整体上可分为计算机网络安全措施和商务交易安全措施两大部分。

操作流程

第 1 步：制定计算机网络安全措施。计算机网络安全措施主要包括保护网络安全、保护应用服务安全和保护系统安全三个方面，各个方面都要考虑安全防护的物理安全、防火墙、信息安全、Web 安全、媒体安全等。

1）保护网络安全。网络安全是保护商务各方网络端系统之间通信过程的安全性，保证机密性、完整性、认证性和访问控制性是网络安全的重要因素。保护网络安全的主要措施如下：

① 全面规划网络平台的安全策略。

② 制定网络安全的管理措施。

③ 使用防火墙。

④ 尽可能记录网络上的一切活动。

⑤ 注意对网络设备的物理保护。

⑥ 检验网络平台系统的脆弱性。

⑦ 建立可靠的识别和鉴别机制。

2）保护应用服务安全。保护应用服务安全，主要是针对特定应用（如 Web 服务器、网络支付专用软件系统）所建立的安全防护措施。它独立于网络的任何其他安全防护措施。虽然有些防护措施可能是网络安全业务的一种替代或重叠，如 Web 浏览器和 Web 服务器在应用层上对网络支付结算信息包的加密，都通过 IP 层加密，但是许多应用还有自己的特定安全要求。

由于电子商务中的应用层对安全的要求最严格、最复杂，因此更倾向于在应用层而不是在网络层采取各种安全措施。

虽然网络层上的安全仍有其特定地位，但是人们不能完全依靠它来解决电子商务应用的安全性。应用层上的安全业务涉及认证、访问控制、机密性、数据完整性、不可否认性、Web 安全性、EDI 和网络支付等应用的安全性。

3）保护系统安全。保护系统安全是指从整体电子商务系统或网络支付系统的角度进行安全防护。它与网络系统硬件平台、操作系统、各种应用软件等互相关联。涉及网络支付结算的系统安全包含下述一些措施：

① 在安装的软件（如浏览器软件、电子钱包软件、支付网关软件等）中，检查和确认未知的安全漏洞。

② 技术与管理相结合，使系统具有最小穿透风险性，如通过诸多认证才允许连通，对所有接入数据必须进行审计，对系统用户进行严格安全管理。

③ 建立详细的安全审计日志，以便检测并跟踪入侵攻击等。

第 2 步：制定商务交易安全措施。商务交易安全紧紧围绕传统商务在互联网络上应用时产生的各种安全问题，在计算机网络安全的基础上，各种商务交易安全服务都是通过安全技术来实现的，主要包括加密技术、认证技术和电子商务的安全协议等。

1）加密技术。加密技术是电子商务采取的基本安全措施，交易双方可根据需要在信息交换的阶段使用。加密技术分为两类，即对称加密和非对称加密。

① 对称加密：对称加密又称私钥加密，即信息的发送方和接收方用同一个密钥去加密和解密数据。它的最大优势是加/解密速度快，适合于对大数据量进行加密，但密钥管理困难。如果进行通信的双方能够确保专用密钥在密钥交换阶段未曾泄露，那么机密性和报文完整性就可以通过这种加密方法加密机密信息，随报文一起发送报文摘要或报文散列值来实现。

② 非对称加密：非对称加密又称公钥加密，使用一对密钥来分别完成加密和解密操作，其中一个公开发布（即公钥），另一个由用户自己秘密保存（即私钥）。信息交换的过程是，甲方生成一对密钥并将其中的一把作为公钥向其他交易方公开，得到该公钥的乙方使用该密钥对信息进行加密后再发送给甲方，甲方再用自己保存的私钥对加密信息进行解密。

2）认证技术。认证技术是用电子手段证明发送者和接收者身份及其文件完整性的技术，即确认双方的身份信息在传送或存储过程中未被篡改。

① 数字签名：数字签名也称电子签名，如同出示手写签名一样，能起到电子文件认证、核准和生效的作用。其实现方式是把散列函数和公开密钥算法结合起来，首先发送方从报文文本中生成一个散列值，并用自己的私钥对这个散列值进行加密，形成发送方的数字签名；然后，将这个数字签名作为报文的附件和报文一起发送给报文的接收方；报文的接收方首先从接收到的原始报文中计算出散列值，接着再用发送方的公开密钥来对报文附加的数字签名进行解密；如果这两个散列值相同，那么接收方就能确认该数字签名是发送方的。数字签名机制提供了一种鉴别方法，以解决伪

造、抵赖、冒充、篡改等问题。

② 数字证书：数字证书是一个经证书授权中心数字签名的包含公钥拥有者信息及公钥的文件数字证书。其主要构成包括一个用户公钥，加上密钥所有者的用户身份标识符，以及被信任的第三方签名。第三方一般是用户信任的证书权威机构（CA），如政府部门和金融机构。用户以安全的方式向公钥证书权威机构提交他的公钥并得到证书，此后用户就可以公开这个证书。任何需要用户公钥的人都可以得到此证书，并通过相关的信任签名来验证公钥的有效性。数字证书通过标志交易各方身份信息的一系列数据，提供了一种验证各自身份的方式，用户可以用它来识别。

3）电子商务的安全协议。除上文提到的各种安全技术之外，电子商务的运行还有一套完整的安全协议。目前，比较成熟的协议有 SSL 协议、SET 协议等。

① 安全套接层协议（SSL 协议）：SSL 协议位于传输层和应用层之间，由 SSL 记录协议、SSL 握手协议和 SSL 警报协议组成的。SSL 握手协议被用来在客户与服务器真正传输应用层数据之前建立安全机制。当客户与服务器第一次通信时，双方通过握手协议在版本号、密钥交换算法、数据加密算法和 Hash 算法上达成一致，然后互相验证对方身份，最后使用协商好的密钥交换算法产生一个只有双方知道的秘密信息，客户和服务器各自根据此秘密信息产生数据加密算法和 Hash 算法参数。SSL 记录协议根据 SSL 握手协议协商的参数，对应用层送来的数据进行加密、压缩、计算消息鉴别码 MAC，经过网络传输层发送给对方。SSL 警报协议用来在客户和服务器之间传递 SSL 出错信息。

② 安全电子交易协议（SET 协议）：SET 协议用于划分与界定电子商务活动中消费者、网上商家、交易双方银行、信用卡组织之间的权利与义务关系，给定交易信息传送流程标准。SET 协议主要由 3 个文件组成，分别是 SET 业务描述、SET 程序员指南和 SET 协议描述。SET 协议保证了电子商务系统的机密性、数据的完整性、身份的合法性。

SET 协议是专为电子商务系统设计的。它位于应用层，其认证体系十分完善，能实现多方认证。在 SET 的实现中，消费者账户信息对商家来说是保密的。SET 协议十分复杂，交易数据需进行多次验证，用到多个密钥以及多次加密解密，且在 SET 协议中除消费者与商家外，还有发卡行、收单行、认证中心、支付网关等其他参与者。

知识拓展

电子商务的网络安全问题一直以来备受关注。通过各方面的努力，网络安全技术不断得到发展，如加密技术、防火墙技术、数字签名技术等的应用。这些技术的应用极大地促进了电子商务的发展。虽然一些电子商务的安全技术都制定了相应的安全标准，但是就整个系统而言还远远不够。因此，必须制定科学的安全策略、重视管理和技术的运用，为电子商务的发展创造良好的环境，更好地促进电子商务的发展。

另外，还要加快电子商务标准的制定进程，包括电子付款方面的标准、安全服务方面的标准、电子复制管理系统方面的标准、高速网络技术方面的标准等。尽快建立起全国统一的、分工明确的安全认证体系(CA)，实现电子商务的安全支付。对于由于缺乏社会信用体系而造成的交易不安全问题，要采取建立各种形式的电子商务信誉认证中心和信誉等级数据库，对参与电子商务的企业进行履约能力等级认定，并发放数字等级证书，增强企业和个人对电子商务的信赖，解决目前电子商务信用问题。要采取积极措施逐步建立起与电子商务发展相适应的社会信用体系，并通过加强管理弥补商业信用的不足之处。

任务四　配置计算机的安全防护

任务说明

目前微软公司的 Windows 操作系统是应用范围最广的操作系统，面对如此庞大纷繁的操作系统，保护好其安全势在必行。平时常用客户端的安全保护措施包括停止 Guest 账号、限制用户数量、创建多个管理员账号、管理员账号改名、设立陷阱账号、设置安全口令、更改默认权限、开启屏幕保护密码、使用 NTFS 分区、开启系统防火墙和运行防病毒软件等方面。其实除了以上常用的一些做法，Windows 操作系统还提供了许多更高级的安全防护方法，主要包括安全策略配置、关闭不必要的服务、关闭不必要的端口、开启审核策略、开启密码策略、开启账户策略、不显示上次登录名和禁止空连接等。

操作流程

第 1 步：配置安全策略。利用 Windows 的安全配置工具来配置安全策略。打开“控制面板”窗口，单击“管理工具”超链接，在打开的“管理工具”窗口中双击“本地安全策略”图标，在打开的“本地安全策略”窗口中可以配置账户策略、本地策略、公钥策略和 IP 安全策略，默认情况下这些策略都没有开启。

第 2 步：关闭不必要的服务。Windows 终端服务和 IIS 服务等都可能给系统带来安全漏洞，有些恶意的程序也可以运行服务器上的终端服务，所以要经常检查服务器，关闭不必要的服务。

第 3 步：关闭不必要的端口。用端口扫描器扫描所开放的端口，在 Windows\system32\drivers\etc\文件夹下的 services 文件中有知名端口和服务的对照表可供参考。用记事本打开该文件，如图 7-8 所示。

services - 记事本

文件(F) 编辑(E) 格式(O) 查看(V) 帮助(H)

```
echo              7/tcp
echo              7/udp
discard           9/tcp    sink null
discard           9/udp    sink null
systat           11/tcp    users                   #Active users
systat           11/udp    users                   #Active users
daytime          13/tcp
daytime          13/udp
qotd             17/tcp    quote                   #Quote of the day
qotd             17/udp    quote                   #Quote of the day
chargen          19/tcp    ttytst source           #Character generator
chargen          19/udp    ttytst source           #Character generator
ftp-data         20/tcp                            #FTP, data
ftp              21/tcp                            #FTP. control
ssh              22/tcp                            #SSH Remote Login Protocol
telnet           23/tcp
smtp             25/tcp    mail                    #Simple Mail Transfer Protocol
time             37/tcp    timserver
time             37/udp    timserver
rlp              39/udp    resource                #Resource Location Protocol
nameserver       42/tcp    name                    #Host Name Server
nameserver       42/udp    name                    #Host Name Server
```

图 7-8　services 文件中知名端口和服务的对照表

设置本机开放的端口和服务，在“控制面板”窗口中单击“系统与安全”超链接，打开“系统和安全”窗口，单击“Windows 防火墙”超链接，打开“Windows 防火墙”窗口，如图 7-9 所示。

图 7-9　“Windows 防火墙”窗口

单击“高级设置”超链接，打开“高级安全 Windows 防火墙”窗口，右击“入站规则”，在弹出的快捷菜单中选择“新建规则”命令，弹出“新建入站规则向导”对话框，如图 7-10 所示。在该对话框中点选“端口”单选按钮，打开“协议和端口”界面，如图 7-11 所示。

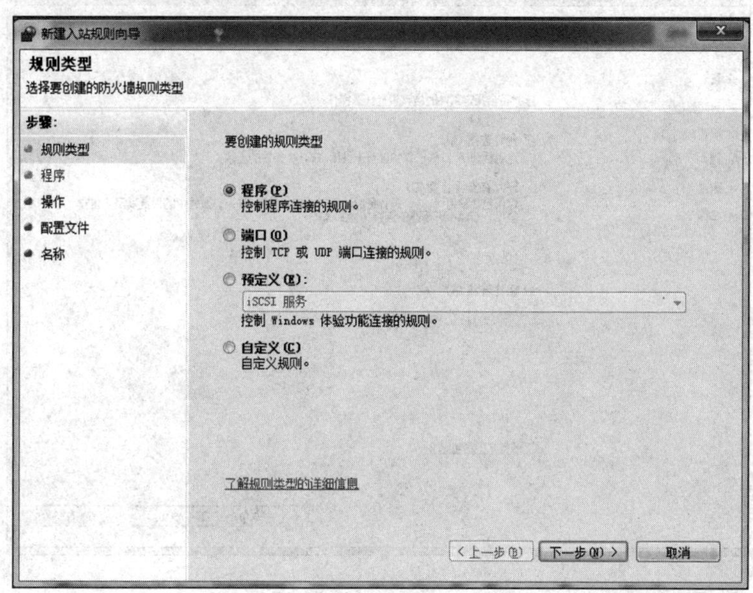

图 7-10 “新建入站规则向导”对话框

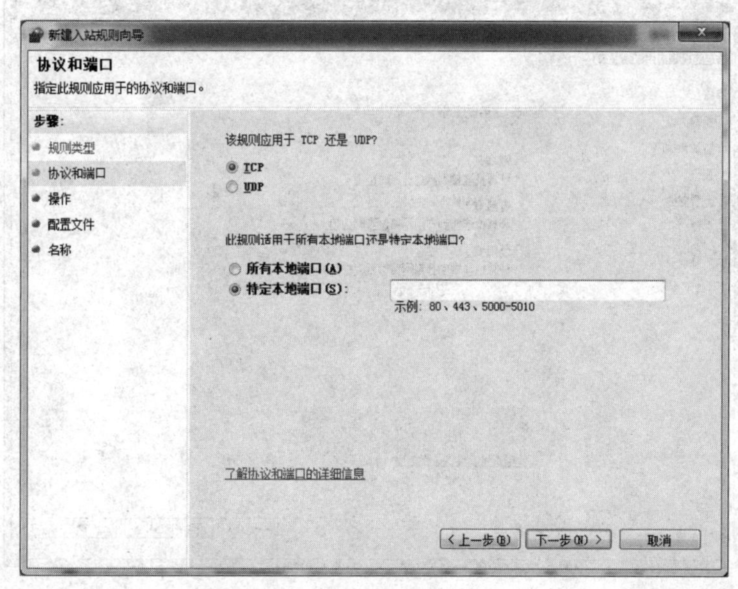

图 7-11 “协议和端口”界面

单击“下一步”按钮，打开“操作”界面，点选“阻止连接”单选按钮，如图 7-12 所示。单击“下一步”按钮，打开“配置文件”界面，在此选择何时应用规则，如图 7-13 所示。

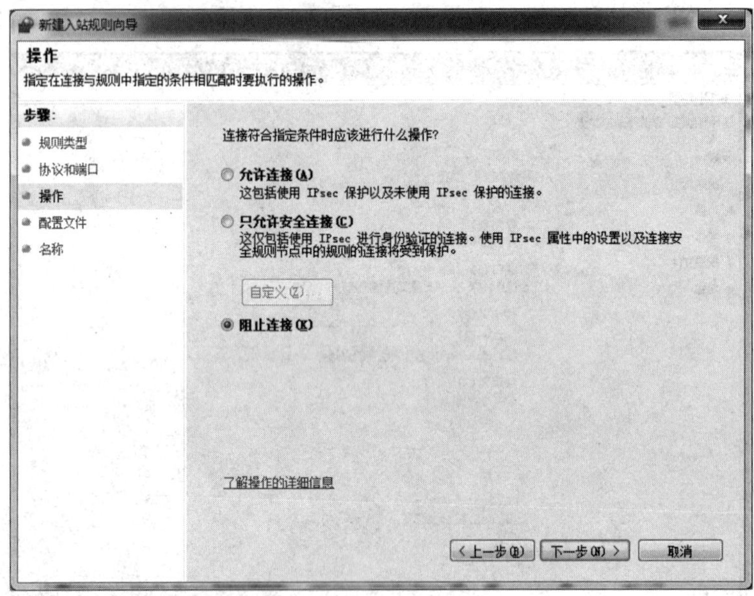

图 7-12 “操作”界面

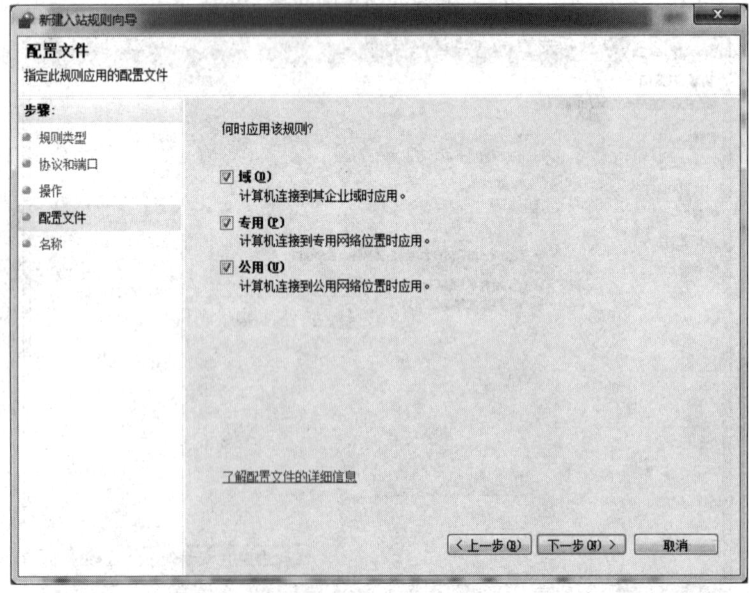

图 7-13 “配置文件”界面

单击“下一步”按钮，打开“名称”界面，填完名称，单击“完成”按钮，返回“高级安全 Windows 防火墙”窗口，可以看到新规则，这里以80端口为例，则新规则为“关闭 80 端口”，如图 7-14 和图 7-15 所示。

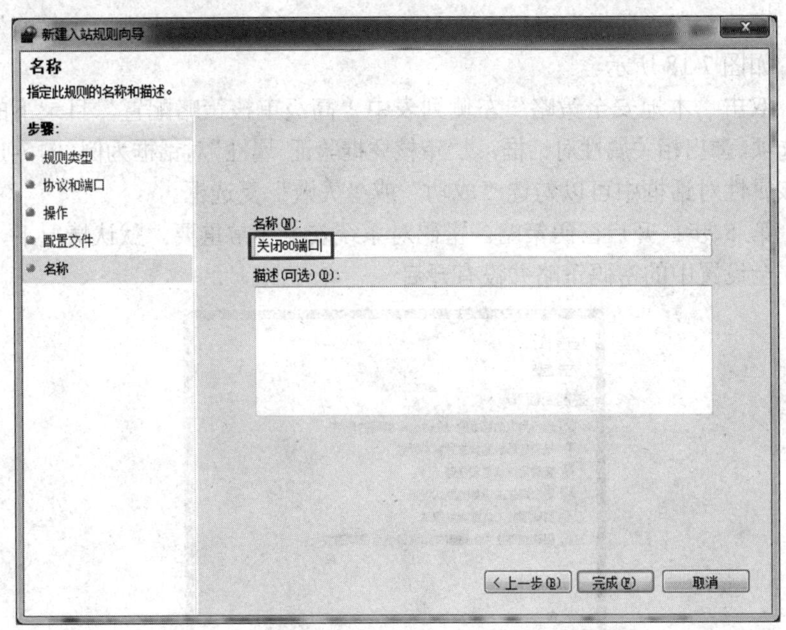

图 7-14 填写规则名称

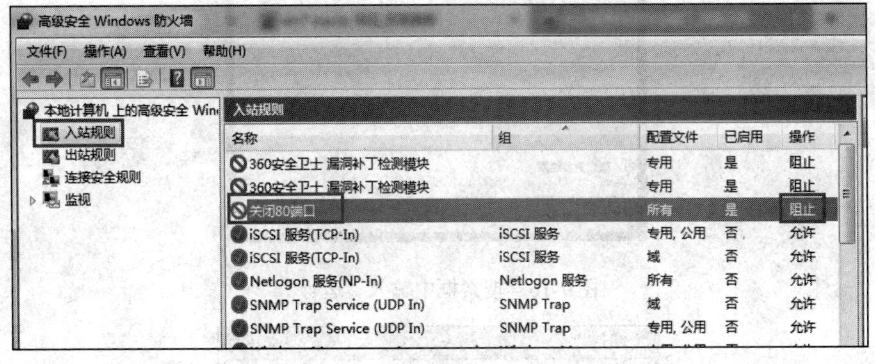

图 7-15 查看新建规则

第 4 步：开启审核策略。安全审核是 Windows 最基本的入侵检测方法，当有人尝试对系统进行某种方式（如尝试用户密码、未经许可的文件访问等）入侵时，都会被安全审核记录下来。打开“控制面板”窗口，单击“系统和安全”超链接，在打开的“系统和安全”窗口中，单击“管理工具”超链接，在打开的“管理工具”窗口中，双击“本地安全策略”图标，即可打开“本地安全策略”窗口。另一种启动方式更简便，即单击“开始”菜单，在搜索框中输入“运行”，按 Enter 键确认，如图 7-16 所示。打开“运行”窗口，如图 7-17 所示；或者按 Windows+R 组合键，同样可以启动“运行”窗口。在“运行”窗口中输入“ecpol.msc”，打开“本地安全策略”窗口，如图 7-18 所示。

双击“本地安全策略”左侧列表中“高级审核策略配置”目录下的某一选项，弹出相关属性对话框，以“审核凭据验证 属性”对话框为例（图 7-19）。在该属性对话框中可以勾选“成功”或“失败”复选框。

第 5 步：开启密码策略。密码对系统安全非常重要。默认情况下，本地安全设置中的密码策略并没有开启。

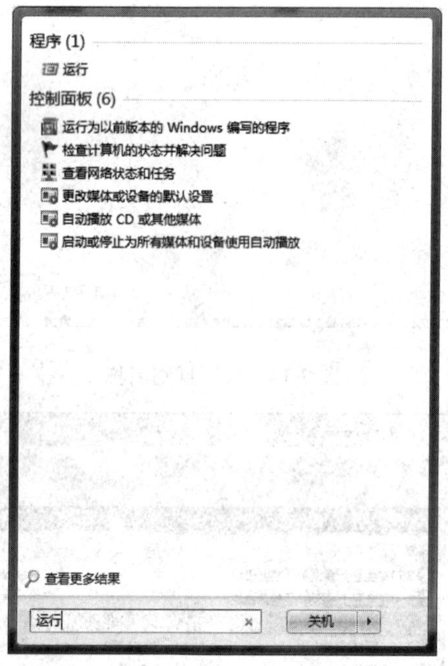

图 7-16 搜索框中输入“运行”

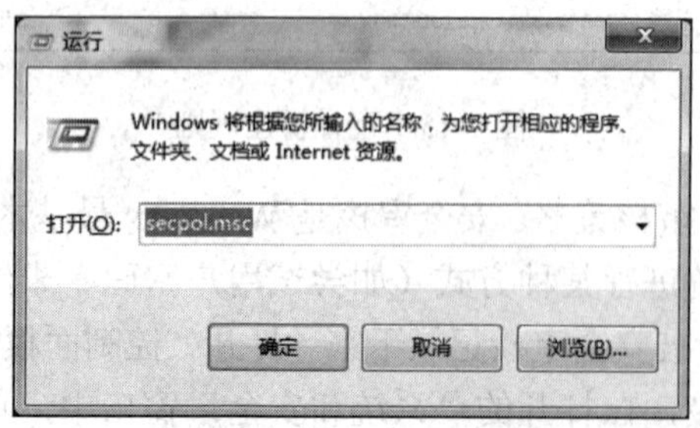

图 7-17 “运行”窗口

1）密码必须符合复杂性要求，“密码必须符合复杂性要求属性”对话框，如图 7-20 所示。

2）密码长度最小值为 6 位。

3）密码使用超过 15 天后，自动要求用户修改密码。

4）要求当前设置的密码不能和前面 5 次的密码相同。

开启账户策略可以有效防止字典式攻击。

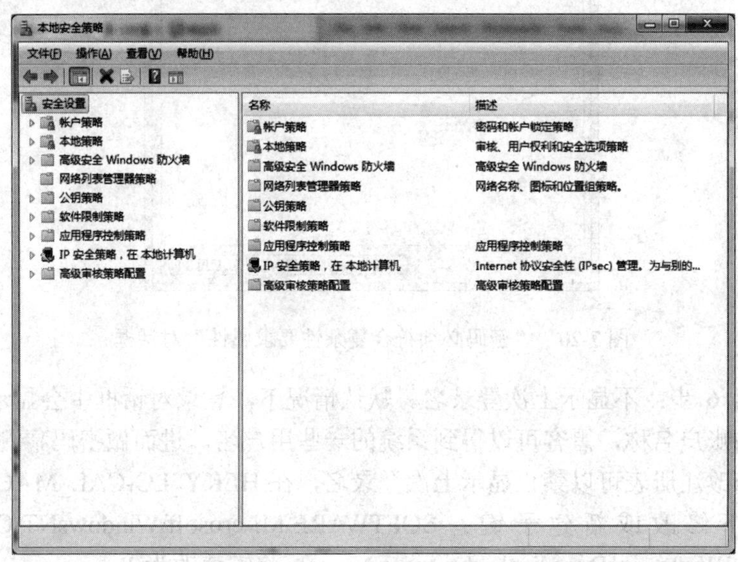

图 7-18　“本地安全策略”窗口

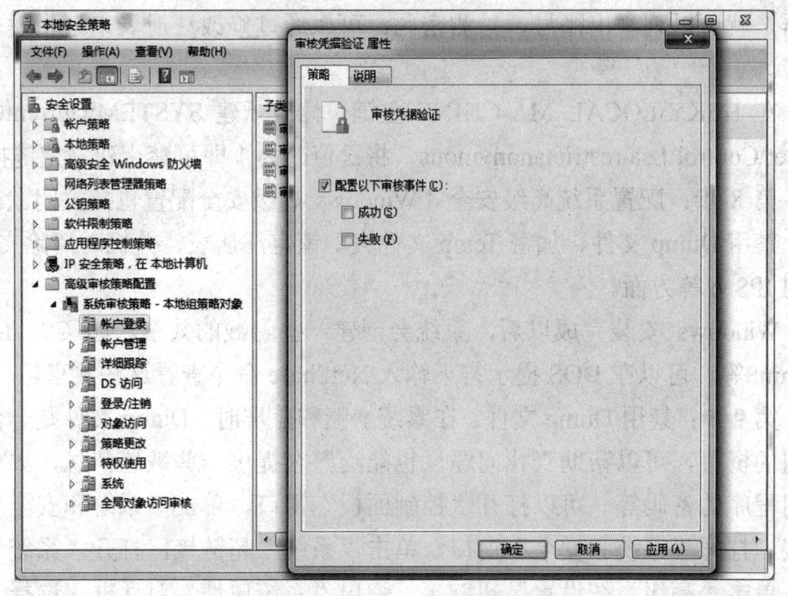

图 7-19　高级审核策略配置

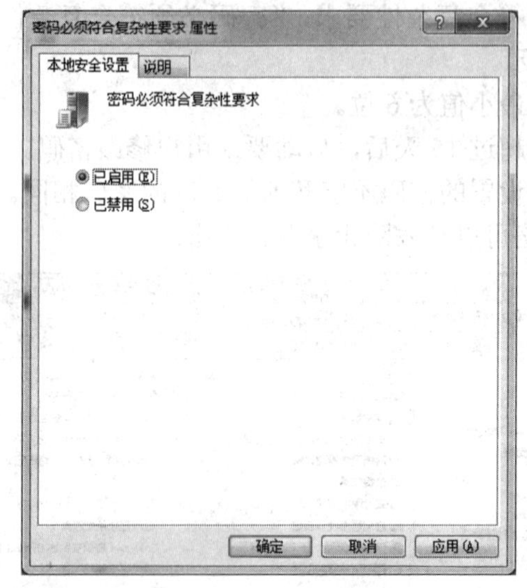

图 7-20 “密码必须符合复杂性要求属性”对话框

第 6 步：不显示上次登录名。默认情况下，登录对话框中会显示上次登录的账户名称，黑客可以得到系统的一些用户名，进而做密码猜测。

修改注册表可以禁止显示上次登录名，在 HEKY_LO-CAL_MACHINE 主键下修改或新建子键：SOFTWARE\Mi-crosoft\WindowsNT\Current Version\Winlogon\DontdisplayLastuser-Name，将键值改为 1。

第 7 步：禁止建立空链接。默认情况下，任何用户通过空链接连上服务器，就可以列举出账号，猜测密码；可以通过修改注册表来禁止建立空连接。

在 HEKY\LOCAL_MA-CHINE 主键下修改子建 SYSTEM\CurrentCon-trolset\Control\Lsa\restrictanonymous，将键值改为 1 即可禁止建立空链接。

第 8 步：配置系统高级安全。Windows 高级安全配置包括关闭默认共享、禁用 Dump 文件、加密 Temp 文件夹、锁定注册表、关机时清除文件、使用 IPSec 等方面。

Windows 安装完成以后，系统会创建一些隐藏的共享，如 C$、D$、Admin$等，可以在 DOS 提示符下输入 NetShare 命令查看这些共享。

第 9 步：禁用 Dump 文件。在系统崩溃和蓝屏时，Dump 文件是一份很有用的资料，可以帮助查找问题，也能给黑客提供一些敏感信息，如一些应用程序的密码等。可以打开“控制面板”窗口，单击“系统和安全”超链接，打开“系统和安全”窗口，单击“系统”超链接，打开“系统”窗口。单击“高级系统设置”超链接，弹出“系统属性”对话框，选择“高级”选项卡。单击“启动和故障恢复”选项组中的“设置”按钮，在弹出的“启动和故障恢复”对话框中，把“写入调试信息”改为“无”。

一些应用程序在安装和升级时，会把内容复制到 Temp 文件夹，但是当程序升级完毕或关闭时，并不会删除 Temp 文件夹的内容。所以，给 Temp 文件夹加密可以给文件多一层保护。

第 10 步：锁定注册表。在 Windows 系统中，只有 Administrators 和 BackupOpertors 组用户才有从网络上访问注册表的权限。当账号的密码泄露以后，黑客也可以在远程访问注册表，当服务器连接到网络上时，应该锁定注册表，即修改或新建 HKEY_CURRENT_USER\Software\Mi-crosoft\Windows\CurrentVersion\Policies\Syetem 下的子键，把 DisableRegistry 的值改为 0，类型改为 DWORD。

第 11 步：关机时清除文件。页面文件是 Windows 用来存储没有装入内存的程序和数据文件的隐藏文件，文件中可能包含一些敏感资料，因此关机时应该清除页面文件。可以修改注册表主键 HKEY_LOCAL_MACHINE 下的子键 SYSTEM\CurrentControl\SessionManager\MemoryMan-agement，把 ClearPageFileAtShutdown 的值设置成 1。

第 12 步：使用 IPSec。IPSec 用以保证 IP 数据包的安全性。它提供身份验证、完整性和可以选择的机密性。发送端计算机在传输之前加密数据，接收端计算机在收到之后解密数据，利用 IPSec 可以使系统的安全性大大增强。

知识拓展

网络安全是一门涉及计算机科学、网络技术、通信技术、密码技术、信息安全技术、应用数学、数论、信息论等多种学科的综合性学科。

网络安全是指网络系统的硬件、软件及其系统中的数据受到保护，不因偶然的或恶意的原因而遭到破坏、更改、泄露，系统连续可靠正常地运行，网络服务不中断。

网络安全从其本质上来讲就是网络上的信息安全。从广义来说，凡是涉及网络上信息的保密性、完整性、可用性、真实性和可控性的相关技术和理论都是网络安全的研究领域。

网络安全的具体含义会随着“角度”的变化而变化，如从用户（个人、企业等）的角度来说，他们希望涉及个人隐私或商业利益的信息在网络上传输时受到机密性、完整性和真实性的保护，避免其他人或对手利用窃听、冒充、篡改、抵赖等手段侵犯用户的利益和隐私。

从网络运行和管理者角度说，他们希望对本地网络信息的访问、读写等操作受到保护和控制，避免出现“陷门”、病毒、非法存取、拒绝服务和网络资源非法占用和非法控制等威胁，制止和防御网络黑客的攻击。

对安全保密部门来说，他们希望对非法的、有害的或涉及国家机密的信息进行过滤和防堵，避免机要信息泄露，避免对社会产生危害，对国家造成巨大损失。

从社会教育和意识形态角度来讲，网络上不健康的内容会对社会的稳定和人类的发展造成阻碍，必须对其进行控制。

项目总结

对于电子商务公司来说，计算机硬件和网络连接的正常使用十分重要，因此安全防护就成为了重中之重。在本项目中重点介绍了网络安全问题及电商安全问题，并给出了解决办法和对策。只有了解电子商务公司运转中出现的安全威胁，才能通过加密、开启防火墙等方法，维护计算机和网络连接的安全。

思考与练习

1）Windows 7 可以通过定义自动响应文件实现自动安装，试参照有关资料自行完成自动安装的设置。

思考与练习答案

2）通过刻录机刻录一张可以启动的 Windows 7 安装光盘，将安装光盘制作成 ISO 映像包存放在计算机中。

3）在安装过程中将计算机加入到“workgroup”工作组，然后将此计算机修改为不同的工作组。当计算机在不同的工作组中时，相互访问有什么不同？

项目八
手机网络的接入

项目情境

随着智能手机的普及和应用，它已成为人们工作、生活当中不可或缺的一部分。最近，小王了解到市面上流行利用手机开淘宝店、微店，于是就在网上购买了一部新智能手机。但在使用过程中他发现，无论是利用手机平台购买东西，还是销售东西，都面临一定的安全风险。

项目分解

通过查阅资料大概了解，在使用智能手机交易之前，需要通过以下两个任务来确保交易过程中的安全。

任务一　认识手机网络

任务二　安全配置手机网络

任务一　认识手机网络

任务说明

不同的网络营运商，网络频段有所不同，如联通分为G网和W网。G网属于2G网络，和中国移动网络相同，W网属于3G网络，与G网有本质区别，因此中国联通的接入点更为复杂。2G网络中国联通的接入点设置和中国移动类似，分为WAP、NET和彩信3种类型。3G网络中国联通接入点分为3GWAP和3GNET两种。很多新手朋友购买新手机后初期都容易碰到不会设置手机网络的情况，下边将针对不同手机系统、不同网络营运商来介绍各种手机网络的设置方法，希望对初次使用智能手机的朋友有所帮助。

操作流程

第1步：Android系统手机中国移动数据网络连接设置。先从最热门的Android系统手机开始介绍中国移动接入点的设置方法。我们以“魅族Note”手机为例介绍设置方法。

首先打开手机中的“设置”选项，按“双卡和网络”选项，如图8-1所示，找到“移动网络”选项，按“移动数据”选项，打开“移动数据”界面，按移动数据开启按钮，开启移动数据，如图8-2所示。然后选择网络模式：2G、3G或4G，如图8-3所示。

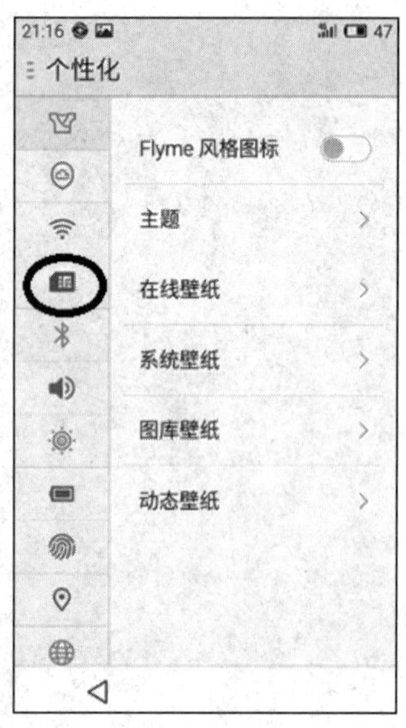

图8-1　网络设置

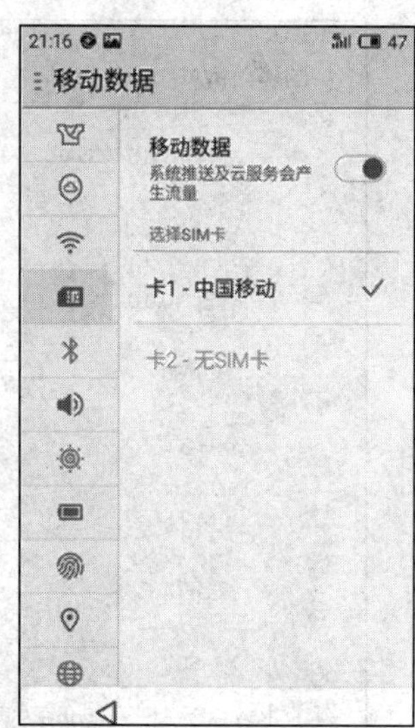

图 8-2　移动数据设置

图 8-3　选择网络

第 2 步：Android 系统手机中国移动 CMWAP 接入点设置。按“新建接入点”（或者新建 APN）按钮，输入下列参数。名称为中国移动 WAP，APN（或接入点名称）为 cmwap，代理为 10.0.0.172，端口为 80，MCC 为 460，MNC 为 07，APN 协议为 IPv4/IPv6，如图 8-4 所示。

图 8-4　中国移动 CMWAP 接入点设置

至此，Android 手机的中国移动接入点设置就全部完成了。尽管这种设置方式最为复杂但是也最为保险，而且可以保证彩信的正常收取。

第 3 步：Android 系统手机中国移动彩信设置。按“新建接入点”（或新建 APN）按钮，输入详细参数，具体如下。名称为中国移动彩信，APN（或接入点名称）为 cmwap，MMSC 为 http：//mmsc.monternet.com，彩信代理为 10.0.0.172，彩信端口为 80，MCC 为 460，MNC 为 07，APN 类型为 mms，APN 协议为 IPv4/IPv6，如图 8-5 所示。

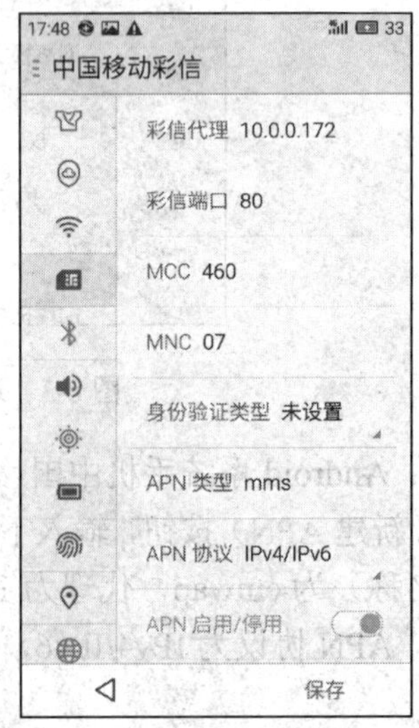

图 8-5　中国移动彩信设置

第 4 步：中国联通 3G 网络接入点设置。按“新建接入点”（或者新建 APN）按钮，输入详细参数，名称为中国联通 3G 网络（China Unicom），APN（或者接入点名称）为 3gnet，MCC 为 460，MNC 为 01，APN 类型为“default, supl”，如图 8-6 所示。

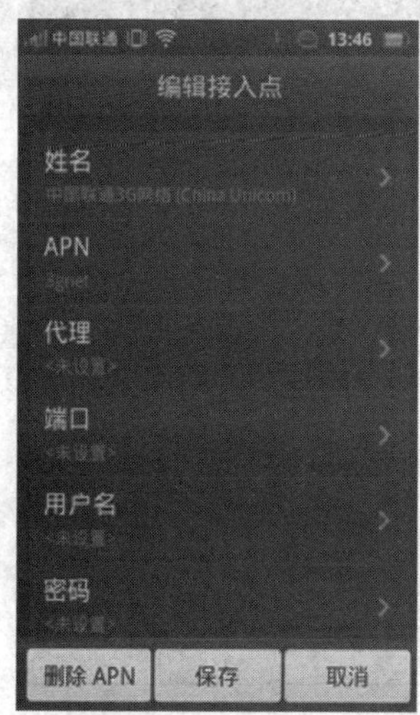

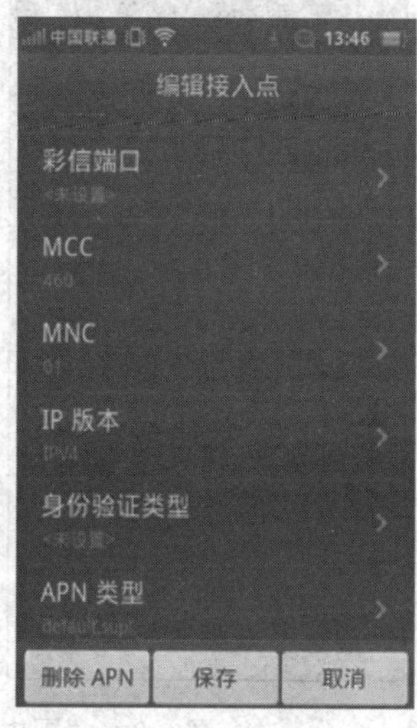

图 8-6 中国联通 3G 网络接入点设置

第 5 步：中国联通 3G 彩信设置。按“新建接入点”（或新建 APN）按钮，输入详细参数，姓名为中国联通 3G 网络（China Unicom），APN（或接入点名称）为 3gnet，MMSC 为 http：//mmsc.myuni.com.cn，彩信代理为 10.0.0.172，彩信端口为 80，MCC 为 460，MNC 为 01，接入点名称类型为 mms，如图 8-7 所示。

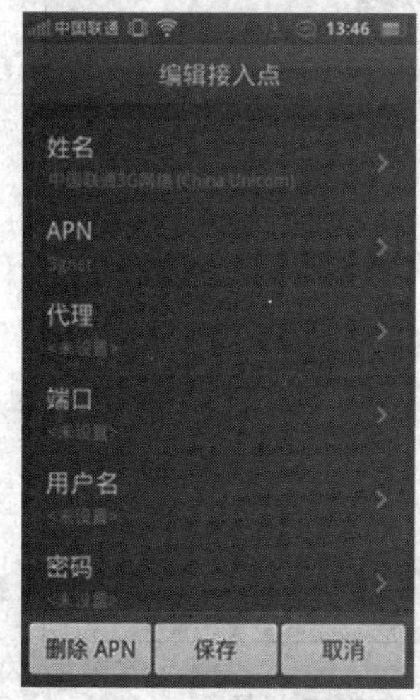

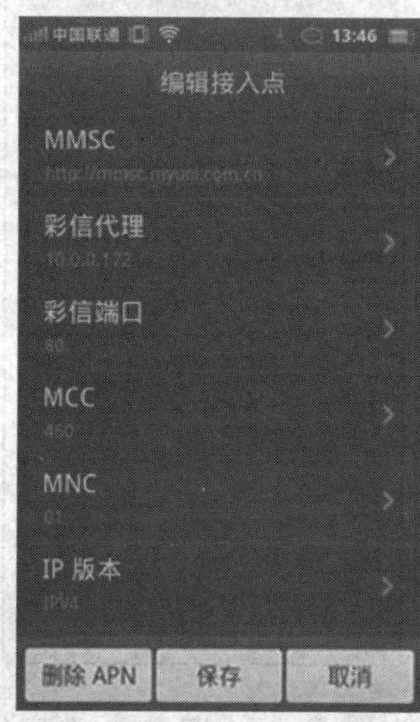

图 8-7 中国联通 3G 彩信设置

第 6 步：Android 系统手机中国电信数据信息设置。通用的方法仍然是，进入手机“设置”界面，找到“无线和网络”，开启“移动数据”和“开启 4G”，如图 8-8 所示。

图 8-8　中国电信数据信息设置

第 7 步：中国电信 CTWAP 设置。按“新建接入点”按钮，输入详细参数，名称为中国电信；接入点名称为 ctlte，MCC 为 460，MNC 为 03，身份验证类型为 PAP 或 CHAP，接入点名称类型为 ia、default、hipri、supl，APN 漫游协议为 IPv4/IPv6，如图 8-9 所示。

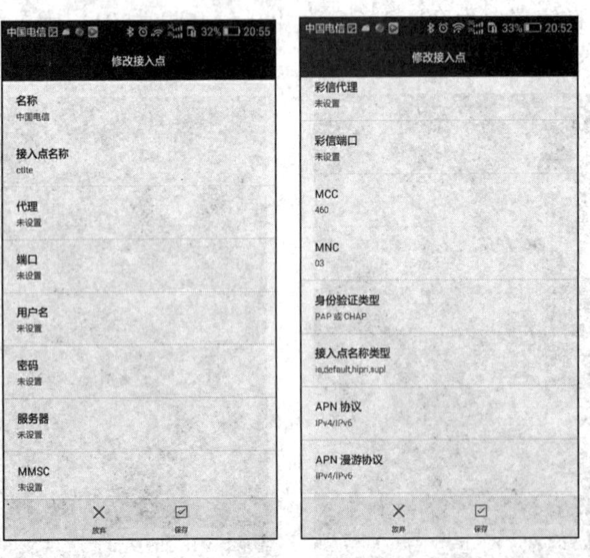

图 8-9　中国电信 CTWAP 设置

第 8 步：iPhone 手机接入点网络设置。苹果 iOS 系统在网络接入点设置方面相比 Android 系统手机要容易不少。因此，在下面的介绍中，不再单独把三个运营商的接入点设置方法一一罗列，仅介绍中国移动接入点设置方法。

打开手机的“设置”界面，按“通用”选项，打开“通用”界面，按“网络”选项，打开“网络”界面，然后找到“蜂窝数据网络”功能并开启，如图 8-10 所示，填写详细参数。

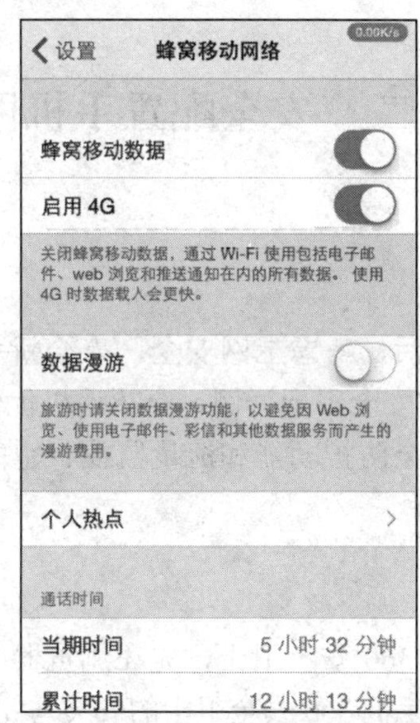

图 8-10　iPhone 手机接入点设置

知识拓展

4G 移动系统网络结构可分为 3 层：物理网络层、中间环境层、应用网络层。物理网络层提供接入和路由选择功能，它们由无线和核心网的结合格式完成。中间环境层的功能有 QoS 映射、地址变换和完全性管理等。物理网络层与中间环境层及其应用环境之间的接口是开放的，使发展和提供新的应用及服务变得更为容易，提供无缝高数据率的无线服务，并运行于多个频带。这一服务能自适应多个无线标准及多模终端能力，跨越多个运营者和服务，提供大范围服务。

4G 移动通信系统的关键技术包括信道传输、抗干扰性强的高速接入技术、调制和信息传输技术，高性能、小型化和低成本的自适应阵列智能天线，大容量、低成本的无线接口和光接口，系统管理资源，软件无线电、网络结构协议等。

4G 移动通信系统主要是以正交频分复用（OFDM）为技术核心。OFDM 技术的特点是网络结构高度可扩展，具有良好的抗噪声性能和抗多信道干扰能力，可以提供比无线数据技术质量更高（速率高、时延小）的服务和更好的性能价格比，能为 4G 无线网提供更好的方案。例如，无线区域环路（WLL）、数字音讯广播（DAB）等，都将采用 OFDM 技术。4G 移动通信为加速增长的宽带无线连接要求提供技术上的回应，为跨越公众的和专用的、室内和室外的多种无线系统和网络保证提供无缝的服务。

任务二　安全配置手机网络

任务说明

智能手机连上网络后，考虑上网安全，需给新手机安装必要的杀毒软件。本任务以手机 360 安全卫士为例，介绍手机优化、骚扰拦截、软件权限管理、手机防盗等安全防护功能和流量监控、空间清理、体检加速、软件管理等管理功能。

操作流程

第 1 步：安装手机 360 安全卫士，先在浏览器中下载手机 360 安全卫士，然后根据提示安装。手机 360 安全卫士的安装与完成界面如图 8-11 所示。

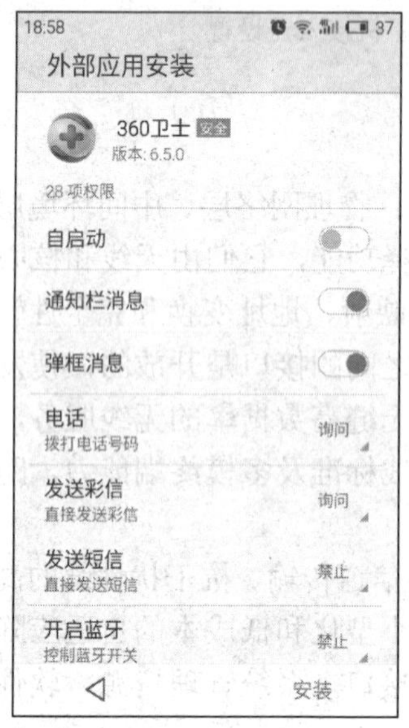

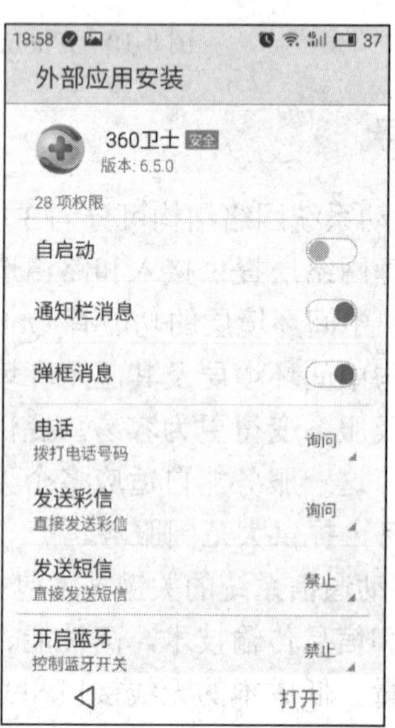

图 8-11　手机 360 安全卫士的安装与完成界面

第 2 步：手机优化。打开手机 360 安全卫士，按主页面的“立即优化”（或“一键优化”）按钮，软件会自动进行浅度扫描并初步清理一部分垃圾，如图 8-12 所示。优化初步完成如图 8-13 所示，此时有需手动优化的内容，全部优化完成后结果如图 8-14 所示。

图 8-12　360 清理过程

图 8-13　优化初步完成

图 8-14　优化结果

第 3 步：如果需要彻底清理或体检加速，可以使用“点我加速手机”功能。在优化结果界面上按“点我加速手机”按钮，或回到主页面上按“清理加速”按钮，软件会再次进行扫描，并显示出扫描的结果。这时可以根据自己的需要进一步清理，也可以直接按“一键清理加速”按钮自动清理，如图 8-15 所示。这里选择“强力手机加速”选项，如图 8-16 所示。

图 8-15 清理加速

图 8-16 强力手机加速

第 4 步：骚扰拦截。在主界面上按“骚扰拦截”按钮，按右上角机械图标，开启“骚扰拦截”，可以设置“电话拦截”和“短信拦截”，其中“电话拦截”可以拦截陌生号码、未知来电/隐藏号码、疑似欺诈、广告推销、骚乱电话等，如图 8-17 所示。“短信拦截”可以设置拦截陌生号码，垃圾短信云识别。

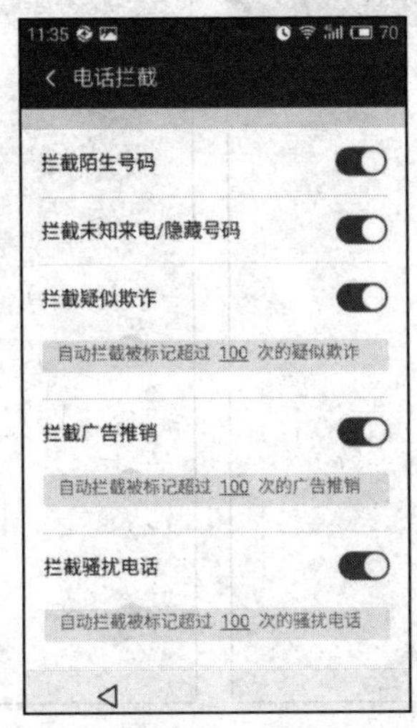

图 8-17 电话拦截

第 5 步：软件权限管理。在主界面按“软件管理”按钮，打开“软件管理”界面。按“权限管理”按钮，打开“权限管理”界面，有“按软件查看”和“按权限查看”2 个权限管理方式，如图 8-18 所示。

图 8-18 软件权限管理

第 6 步：手机防盗，在主界面上按“手机防盗”按钮，输入防盗密码，如图 8-19 所示。

图 8-19　手机防盗设置

第 7 步：流量监控，在主界面上按“流量监控”按钮，打开“流量监控设置”界面,开启“流量监控”，如图 8-20 所示。

图 8-20　流量监控设置

第 8 步：空间清理，在主界面将看到一个大大的“一键优化”或“立即优化”，按该按钮清理完成后，在“优化完成”界面可以选择软件进行针对具体软件的清理，“微信清理”与“QQ 清理”界面如图 8-21 所示，相册清理如图 8-22 所示，隐私清理如图 8-23 所示。

图 8-21　“微信清理”与“QQ 清理”界面

图 8-22　相册清理

图 8-23　隐私清理

第 9 步：锁屏省电，可以根据需要设置锁屏后关闭的应用，如图 8-24 所示。

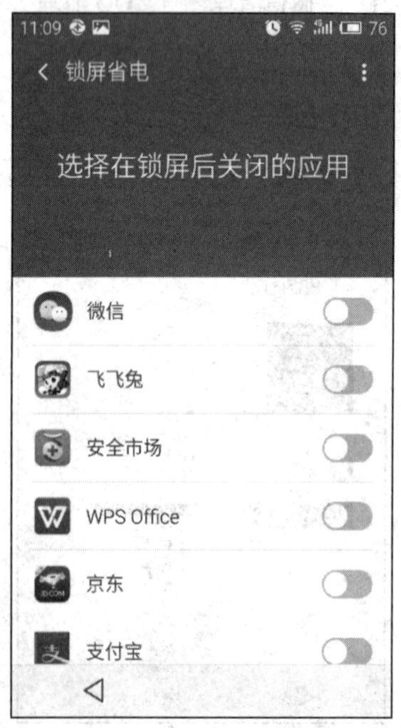

图 8-24　锁屏省电

第 10 步：软件管理，在主界面上按“软件管理”按钮，可以在“安全市场”中下载安装软件，按“软件更新”按钮可以查找需更新的软件；按“软件卸载”按钮可以卸载已安装的软件。

知识拓展

1. 如何安全地使用智能手机

1）为手机设置访问密码是保护手机安全的第一道防线，以防智能手机丢失时，犯罪分子可能会获得通讯录、文件等重要信息并加以利用。

2）不要轻易打开陌生人通过手机发送的链接和文件。

3）为手机设置锁屏密码，并将手机随身携带。

4）在 QQ、微信等应用程序中关闭地理定位功能，并仅在需要时开启蓝牙。

5）经常为手机数据做备份。

6）安装安全防护软件，并经常对手机系统进行扫描。

7）到权威网站下载手机应用软件，并在安装时谨慎选择相关权限。

8）不要试图破解自己的手机，以保证应用程序的安全性。

2. 如何防范病毒和木马对手机的攻击

1）为手机安装安全防护软件，开启实时监控功能，并定期升级病毒库。

2）警惕收到的陌生图片、文件和链接，不要轻易打开 QQ、微信、短信、邮件中的链接。

3）到权威网站下载手机应用。

3. 如何防范骚扰电话、电话诈骗、垃圾短信

用户使用手机时遭遇的垃圾短信、骚扰电话、电信诈骗主要有以下 4 种形式：①冒充国家机关工作人员实施诈骗；②冒充电信等有关职能部门工作人员，以电信欠费、送话费等为由实施诈骗；③冒充被害人的亲属、朋友，编造生急病、发生车祸等意外急需用钱，从而实施诈骗；④冒充银行工作人员，假称被害人银联卡在某个地方刷卡消费，诱使被害人转账实施诈骗。

在使用手机时，防范骚扰电话、电话诈骗、垃圾短信的主要措施如下：

1）克服“贪利”思想，不要轻信，谨防上当。

2）不要轻易将自己或家人的身份、通讯信息等家庭、个人资料泄露给他人，对于涉及亲人和朋友求助、借钱等内容的短信和电话，要仔细核对。

3）接到培训通知，以银行信用卡中心名义声称银行卡升级、招工、婚介等信息时，要多做调查。

4）不要轻信涉及加害、举报、反洗钱等内容的陌生短信或电话，既不要理睬，更不要为“消灾”将钱款汇入犯罪分子指定的账户。

5）对于广告“推销”特殊器材、违禁品的短信和电话，应不予理睬并及时清除，不要汇款购买。

6）遇见诈骗类电话或信息，应及时记下诈骗犯罪分子的电话号码、电子邮件地址、QQ 号及银行卡账号，并记住犯罪分子的口音、语言特征和诈骗的手段和经过，及时到公安机关报案，积极配合公安机关开展侦查破案和追缴被骗款等工作。

4. 如何防范智能手机信息泄露

1）利用手机中的各种安全保护功能，为手机、SIM 卡设置密码并安装安全软件，减少手机中的本地分享，对程序执行权限加以限制。

2）谨慎下载应用，尽量从正规网站下载手机应用程序和升级包，对于手机中的 Web 站点要提高警惕。

3）禁用 Wi-Fi 自动连接到网络功能，使用公共 Wi-Fi 有可能被盗取资料。

4）下载软件或游戏时，应详细阅读授权内容，防止将木马带到手机中。

5）经常为手机做数据同步备份。

项目总结

本项目主要介绍目前国内主要的三家通信网络，了解网络接入点设置，并介绍了在手机上安装安全杀毒软件，以及根据需要设置安全措施。

思考与练习

1）在手机上安装“腾讯手机管家”，并做安全设置。

2）目前移动支付上存在的信息安全问题主要集中在以下两个方面：一是手机丢失或被盗，即不法分子盗取受害者手机后，利用手机的移动支付功能，窃取受害者的财物；二是用户信息安全意识不足，轻信钓鱼网站，当不法分子要求告知对方敏感信息时无警惕之心，从而导致财物被盗，那么用户应如何确保手机支付安全呢？

参 考 文 献

北京网博泰克北大青鸟信息技术有限公司，职业教育教研院．2011．初级网站设计工程师计算机与网络基础．北京：电子工业出版社．

宁蒙．2007．局域网组建与维护．北京：机械工业出版社．

王协瑞．2006．计算机网络技术．2版．北京：高等教育出版社．